少年读 杜甫

黄鸣
李瑞珩
刘恬

著

台海出版社

图书在版编目（CIP）数据

少年读杜甫 / 黄鸣，李瑞珩，刘恬著 . -- 北京：
台海出版社，2024. 7. -- ISBN 978-7-5168-3919-5

Ⅰ. K825.6-49

中国国家版本馆 CIP 数据核字第 20247PG070 号

少年读杜甫

著　　者：	黄　鸣　李瑞珩　刘　恬
责任编辑：	王　艳

出版发行：台海出版社

地　　址：北京市东城区景山东街20号　　邮政编码：100009

电　　话：010-64041652（发行，邮购）

传　　真：010-84045799（总编室）

网　　址：www.taimeng.org.cn/thcbs/default.htm

E－mail：thcbs@126.com

经　　销：全国各地新华书店

印　　刷：天津嘉恒印务有限公司

本书如有破损、缺页、装订错误，请与本社联系调换

开　　本：710毫米 ×1000毫米　　1/16

字　　数：182千字　　　　　　　印　　张：16.5

版　　次：2024 年 7 月第 1 版　　印　　次：2024 年 7 月第 1 次印刷

书　　号：ISBN 978-7-5168-3919-5

定　　价：58.00 元

少年朋友们，当你打开这本书时，我们就一起走进了千古"诗圣"杜甫的生活。

对于大家来说，杜甫是一位家喻户晓的诗人，因为在我们的中小学语文课本里，就选录了不少杜甫的名作。他忧国忧民的情怀，以及精练而富有表现力的诗句，一直在滋润着我们的心灵。

但是，"诗圣"的桂冠，往往会让我们更注重杜甫忧虑严肃的一面，而忽略了他对万事万物充满热情的一面。梁启超先生把他的这一面凝练成"情圣"两个字，并写过一篇名为《情圣杜甫》的讲演稿。

比如，杜甫的名篇《江畔独步寻花七绝句》第六首："黄四娘家花满蹊，千朵万朵压枝低。留连戏蝶时时舞，自在娇莺恰恰啼。"写春光骀（dài）荡，蝶舞莺啼，春天的美丽风景，生机勃勃，跃然纸上。北宋四大书法家之一的苏轼，就很喜欢给人书写这首诗，并说："昔齐鲁有大臣，史失其名，黄四娘独何人哉？而托此诗以不朽，可以使览者一笑。"（《东坡诗话》）威风赫赫的大臣，没人记得他的名字，而杜甫将黄四娘写进了诗中，她也就借着杜甫的诗流传千古，得以不朽。杜甫的美丽诗笔，真是令人心旷神怡。本书在叙述杜甫的生活经历时，也会尽量多谈谈这些优美的诗句。

本书从杜甫幼年写起，一直写到他生命的尽头。和很多诗人不一样的是，杜甫是一位足迹遍布天下的诗人，他的家乡在河南巩县，但他去世时，是在长沙与岳阳之间的湘江中的一条小船上。王安石说他"青衫老更斥，饿走半九州"（《杜甫画像》），指的就是他饿着肚子奔波在唐王朝的广阔疆土之上的经历。这样的旅程，大大丰富了杜甫诗歌的现实主义内涵，也使得他开阔了眼界，见识了各地的风土人情，了解了各处的民间疾苦，而将其化为或沉郁顿挫，或清新秀美，或直面现实，或曲折入微的一千四百多首诗歌。他的诗歌，尤其是近体诗，成为后代人学习律诗的范型，就好像学古文的人，要从韩愈的古文学起一样。

这本《少年读杜甫》，是我们在《少年读苏东坡》之后撰写的同系列的另一本书。在撰写过程中，我们深深感到，苏轼与杜甫，是两种不同的人格范型，当然，他们各具特色也各有魅力。苏轼的轶事很多，思想也庞杂一些，所以他进可兼济天下，退则独善其身，在出世与入世的态度上，苏轼是以出世之心行入世之事。而杜甫则是一个"咬定青山不放松"的人，不管富贵荣华，还是贫病困窘，杜甫始终坚持自己的初心，坚定自己的理想，眷恋着中华大地，关心着朝廷与社稷，记挂着天下的百姓。这种忧国忧民的爱国主义精神和人道主义精神，永远值得我们学习。我们也会在书中通过对具体诗篇的分析来展现杜甫的这些特点。

愿这本书能成为少年朋友们初步了解杜甫，进而理解杜甫的津梁。

黄 鸣
于海淀家图四壁斋
2024 年元宵节

目 录

一

儒学名门一少年

"老杜"来了

杜**甫**（fǔ），字子美。"甫"是古代对男子的美称，"子"也是古代对男子的美称。名与字同义相承，以"子美"呼应"甫"，都是对有才德的男子的美称，这便是杜甫的名和字的由来。

古代的贵族男子和女子，都是既有名，也有字的。名是出生后不久取的，字则是到了一定年龄才有。《礼记·曲礼上》记载"男子二十，冠而字"，"女子许嫁，**笄**（jī）而字"。就是说男子二十岁，举行加冠礼，戴上成人的帽子，以示成年，此时可取字；女子到了婚配的年龄，可以举行笄礼，用发簪把头发簪起来，此时也可取字。称人以字，表示尊敬。古人的名和字在含义上是有联系的。有的名和字是同义词，如杜甫字子美，又如李白字太白。相传李白的母亲在怀他时梦到了长庚星（太白金星），又因古人认为这颗星星特别亮，在夜空中看到时感觉特别白，所以"白"和"太白"同义相承，李白也不愧为大唐诗歌夜空中最亮的星星。有的名和字是反义词，如司马迁字子长，迁是变迁的意思，长是久远的意思，变动对恒久，反义相承。又如孔子的弟子曾点字**皙**（xī），点，《说文解字》说是小黑也，而皙指人肤色白，这也是反义相承。掌握了名和字之间的规律，我们也可以效仿古人，取一个自己喜欢的字试一试。

唐玄宗先天元年（712年），杜甫出生在河南巩县城东二里的瑶湾（今河南巩义南）。他的郡望是京兆杜陵（今陕西西安东南），所以他常自称"杜陵布衣"。后来他在长安的居住地靠近杜陵（汉宣帝刘询的陵墓）和少陵（汉宣帝皇后许平君的陵墓），所以杜甫又自称"少陵野老"。自他的曾祖父杜依艺任巩县县令后，杜氏才迁居巩县。

此外，杜甫还被后世亲切地称为"老杜"，有人说是因为杜甫在诗歌中爱写"老"（杜诗"老"字出现374次）而得名，比如杜甫爱写"老马""老身""老夫""老病""老大"等；也有人认为是杜诗的审美倾向导致他在诗歌中喜欢写阴郁、沉重、悲壮的意象，比如"瘦马""病树""冻死""衰白""枯木"等；还有人认为是杜甫大器晚成，老而益精，晚年漂泊到西南，特别是到夔（kuí）州以后，他的诗歌写得特别好，所以称作"老杜"。

可"老杜"之"老"并不是生来就如此，他也不是生来就穷困潦倒、颠沛流离、忧郁凄苦，他也曾有过一段非常悠闲的快乐时光，一个"健如黄犊（dú）走复来""一日上树能千回"的少年时代。

且让我们一起来看看少年杜甫是什么样的？又是什么让他变成了"老杜"！

两场剑舞

　　杜甫五十六岁那年，他穷困潦倒，漂泊异乡，在夔州别驾元持家看到了临颍李十二娘舞剑器，那翩若惊鸿、矫若游龙的身姿让年迈的诗人一时怔（zhēng）忡（chōng），"这舞似曾相识……"在他询问之下，得知李十二娘竟是公孙大娘的弟子。恍惚间剑气过耳，往事历历在目。思绪拉回到他六岁那年，正值开元五年（717年），小杜甫在郾（yǎn）城（今河南郾城）观看公孙大娘舞剑器、浑脱。

　　昔有佳人公孙氏，一舞剑器动四方。观者如山色沮丧，天地为之久低昂。㸌（huò）如羿（yì）射九日落，矫如群帝骖（cān）龙翔。来如雷霆收震怒，罢如江海凝清光。（《观公孙大娘弟子舞剑器行》）

　　从前有个美丽的女子名叫公孙大娘，她跳的剑舞非常震撼，仿佛天地四方都随着她舞动。她的演出现场人山人海，观众个个屏息凝神、神色紧张，天地也为之变色。她那剑光璀璨夺目，好像后羿把九个太阳射落下来一样；她敏捷腾转，身形矫健又恰似天神驾着游龙在天上翱翔。起舞的时候那把雷霆之剑气势万钧，收场的时候则像平静的江海凝住了波光。好一场出神入化的剑舞啊！

公孙大娘是公孙家的大女儿，是开元年间最负盛名的宫廷舞蹈家，是唐代教坊舞伎。教坊是唐代设置的用来管理和教习宫廷音乐的官署机构。舞伎就是演出歌舞的专业演员。在唐玄宗时期，侍女约八千人，而在这八千人中，公孙大娘的舞姿名动天下，尤其擅长舞剑器，她在传统剑舞的基础上加以创新，编排了独具特色的舞蹈，且技艺高超，名噪一时。所以杜甫评价她为"独出冠时"，堪称舞者之冠啊！

剑器与浑脱是从西域传入的两种胡舞。舞蹈分为两大类：一类健舞，一类软舞。健舞豪放壮美，软舞婉约优美。剑器就属于健舞的一种，以剑为主要道具，有歌曲伴舞，舞者常穿着男装，多用舞蹈来展现战争主题，有人认为持双剑而舞，也有人认为持短棒而舞。据杜甫回忆，当年的公孙大娘"绛（jiàng）唇珠袖，玉貌锦衣"，舞起来刚柔并济，可谓令青山低首，使风云变色。

一个六岁的儿童就能欣赏"浏漓顿挫"的舞蹈艺术，且把鲜明的印象保留五十余年，可见杜甫早慧且强记。而如今，记忆中那青山低首、风云变色、燿如羿射、矫如龙翔的剑舞都往事随风了，"五十年间似反掌"，家国兴衰，人生如梦，沧海桑田。杜甫追忆的不仅仅是年少迤（yǐ）逦（lǐ）的梦，还有那时强盛的大唐。

儒学的家族传统

京兆杜氏自东汉始，历经魏、晋、南北朝、隋，到了唐代杜甫曾祖杜依艺迁居到了巩县，经十五世传到了杜甫。那么，杜氏家族是怎样培养出杜甫这样伟大的诗人来的呢？应该说杜氏的家族传统功不可没（mò）。杜氏具备"奉儒守官"和"诗是吾家事"的双重家族传统，我们先来看第一个。

杜甫在《进雕赋表》中说："自先君恕、预以降，奉儒守官，未坠素业矣。"又称其家庭是"远自周室，迄（qì）于圣代，传之以仁义礼智信，列之以公侯伯子男"（《唐故万年县君京兆杜氏墓志》）。"奉儒守官"，简而言之就是通过做官来推行儒家之道，也就是杜甫"致君尧舜上，再使风俗淳"（《奉赠韦左丞丈二十二韵》）的人生理想，也是文人士大夫经世致用的传统。而"未坠素业"则是指杜氏家族一直保持着先祖留下的传统和事业，从未放弃，这是杜甫对家族荣耀的守护，也是对自己儒者身份的珍视。

论起杜甫的家族，可谓是官宦世家。他的列祖列宗，不是长史就是司马，不是刺史就是将军，一般的也是太守，垫底的都是县令，读书仕宦是杜氏的家族传统。杜甫先祖上可追溯至东汉末年任河东太守的十五世祖杜畿（jī），"先君恕"指的则是杜甫的十四世祖杜恕，"预"则是指杜甫最为景仰的十三世祖杜预。杜预乃是西晋名将、名儒，在明代以前是唯一一个同时配享文庙和武庙的名将，是杜甫的精神偶像，也是激发杜甫建功立业的一大动力。杜预是一个百科全书式的天才，精通政治、经济、天文、历法、军事、史学、算术、工程等多种学问，有"杜武库"的称号，"武库"指的是杜预博学多才，无所不包，无所不能，就像武器库的武器一样，应有尽有。在今天就等于说是文科、理科、工科，科科精通，妥妥的是个学霸。

杜预任镇南大将军，都督荆州诸军事，封当阳县侯，他颇有军事才能，灭吴有功。灭吴之战结束了汉末三国以来长期的割据状态，从此四海归一，为西晋统一做出了卓越贡献。有意思的是，一般武将都是武功了得，甚至能射虎穿石，而杜预却是一个"身不跨马，射不穿札"的人，即马也不会骑，射箭也穿不过木札（木片）。但每当遇到征伐大事时，他都在将帅之列，皆是因为他谋略过人。在西晋灭吴这场大战当中，杜预取江陵，占荆州，立下了赫赫战功。太康元年（280年），杜预陈兵江陵城外，江陵城防坚固，易守难攻。于是杜预派兵沿江西上，一旬之内，连克多地。一天晚上，趁着黑灯瞎火，杜预派出几员骁（xiāo）将，率领八百精兵，在夜幕的掩护之下，驾船渡江，竖旗点火，神不知鬼不觉，兵不血刃，就拿下了吴军的指挥中心。

扫清江陵外围以后，荆州也就是囊中之物了。杜预继续挥师东进，但此时有不少人主张停战休整。杜预指出，行军打仗需要一鼓作气，就像劈竹子一样，上头几节劈开以后就要顺势而为，把下边的也一起劈开。随即他指挥大军直逼秣（mò）陵（即建康，今江苏南京），所过之处，势如破竹。灭吴之后，他在江南兴修水利，发展生产，提出一系列保民、惠民、安民的举措，官声清明，造福一方。

杜预特别喜欢《左传》，与他同时期的大臣和峤很爱钱，被称作有"钱癖（pǐ）"，王济很爱马，被称作有"马癖"。晋武帝问杜预有什么癖好。杜预回答说："臣有《左传》癖。"（见《晋书》卷三十四）他苦心孤诣（yì）撰写《春秋左氏经传集解》三十卷，是现存经典的《左传》注本之一。在杜甫心中，允文允武又能建功立业的先祖杜预，可以说是儒家的理想人物了。

第二重家族传统"诗是吾家事"，源于杜甫的祖父杜审言。杜审言，字必简，武则天时任膳部员外郎，中宗时任修文馆直学士。他与李峤、崔融、苏味道并称为"文章四友"。

杜审言自恃（shì）才高，为人狂放，认为自己的文章好过屈原、宋玉，书法高于王羲之。有一次，杜审言参加考判，这项工作由天官侍郎苏味道主持，杜审言走出来就对身边之人感叹道："完了，苏味道死定了！"大家听了都丈二和尚摸不着头脑，杜审言又说："等一会儿苏味道要是看了我写的判文，肯定羞愧而死啊！"杜审言临终时，好友宋之问等人去看望他，他对朋友说："你们不必悲伤，我活着，才华一直压着你们，你们都出不了头，现在我要死了，你们该觉得安慰啊。我只是遗憾没有人能够像我这样有才华，没人能取代我啊。"杜审言如此恃才傲物，让人在感叹他不通人情之余，竟觉得还有几分可爱。

　　杜审言现存诗四十余首，多为律诗。他的五律声律和谐、对仗工整，已达到很高的艺术水平。他在晚年时与沈佺期、宋之问唱和，对唐诗的格律化、对近体诗（格律诗）形式的确立颇有贡献。那么，什么是古体诗？什么是近体诗呢？今天我们所说的古诗，实际上包括古体诗和近体诗两大类。古体诗是相对近体诗而言，又名"古诗"，形式有四言、五言、七言、杂言等，不要求对仗，平仄（zè）与用韵比较自由。四言的如《诗经·关雎（jū）》中的"关关雎鸠"；五言的如《古诗十九首》中的"行行重（chóng）行行"；七言的如曹丕（pī）《燕歌行》中的"秋风萧瑟天气凉"；杂言的如李白《将（qiāng）进酒》中的"五花马，千金裘，呼儿将出换美酒，与尔同销万古愁"；等等。后世使用五言、七言者较多。近体诗又称今体诗、格律诗，萌芽于魏晋南北朝，南朝梁的文学家沈约倡导诗歌的声律，提出"四声、八病"说，自觉运用平、上、去、入四声来协调诗歌音律，至唐代定型发展成了近体诗，这种诗体的句数、字数、对仗、平仄和用韵都有严格规定，就像戴着格律的镣铐跳舞一样。近体诗包括绝句和律诗，通常只有五言和七言两种，绝句为四句，律诗为八句，有说法认为绝句就是"截句"，将八句律诗截为两段，四句就成了绝句。古体诗和近体诗反映了中国古代诗歌从自由发展到规范化的过程，也体现了诗歌艺术的多样性和丰富性。

　　杜甫出生时，祖父杜审言已经过世了，但他从小耳濡目染家中浓厚的诗学氛围，把祖父的诗学成就看成家族传统，祖父那狂放傲物的姿态也深深刻在了少年杜甫心里。他曾说过"吾祖诗冠古"

（《赠蜀僧闾丘师兄》）。后来，杜甫告诉儿子宗武"诗是吾家事"，可见诗歌传统已经融进杜甫的血脉，祖父的才华与诗歌，不仅是杜甫年少轻狂的底气，也是他一生都要背负的家族责任。同时，这种"诗是吾家事"的家族传统，也是杜甫走上漫长而艰苦的诗歌探索之路的艺术启蒙，是他一生苦心孤诣、上下求索、提高诗艺的精神动力。

杜甫的父亲是杜闲，在唐玄宗开元末年曾任兖（yǎn）州（今山东兖州）司马。他于睿宗景云元年（710年）与原配清河崔氏结婚，生长子杜甫，但崔氏生下杜甫后不久就病逝了。玄宗开元十一年（723年），杜闲再婚，娶继室卢氏，生次子杜颖、三子杜观、四子杜丰、幼子杜占，还有一个女儿。从杜甫后来的诗文中可以看出，他与同父异母的兄弟姊妹之间的感情很深。从母系崔氏的血统来看，清河崔氏是当时中原的一大姓氏。隋唐时期，在赫赫有名的五姓七族，即五大姓氏、七大家族当中，清河崔氏名列其中；并且崔家作为清河大族，世世代代与李唐王室联姻，杜甫的外祖父的母亲是高祖李渊第十八子舒王李元名的女儿，杜甫的外祖母是唐太宗李世民的曾孙女，也就是说杜甫与李唐王室是沾亲带故的。由于外公家与唐王室的姻亲关系，杜甫生出一种特殊的情感，这也是他忠君思想的一个重要来源。

从杜氏家族可以看到杜甫身上的儒家传统与诗歌传统的流传线索，有"奉儒守官，未坠素业"的家族传统，有"传之以仁义礼智信"的家族信念，有"列之以公侯伯子男"的家族理想，也有"吾祖诗冠古"的诗歌自信，有"诗是吾家事"的诗歌责任。祖辈们就像无声的灯塔，默默指引着杜甫。杜预激发了杜甫的功名意识、价值取向和入世情怀；杜审言影响了杜甫的文学理想和创作追求。他们共同造就了杜甫的思想特征，他的忠君爱国、忧国忧民、悲天悯人、求索不止等精神也就有了根源。

七岁咏凤凰

　　杜甫从小学诗，晚年他写《壮游》时，提起孩提时代的创作经历，道是"七龄思即壮，开口咏凤凰"。杜甫才七岁就能吟咏凤凰，可见其诗才的早熟与才性的不凡。那么小杜甫为何要吟咏凤凰？凤凰对于他意味着什么呢？

　　凤凰是我国古代的神鸟，有丰富的文化意蕴。据考古发现，凤凰是华夏先民的图腾之一，是太阳崇拜的象征，例如金沙遗址出土的太阳神鸟。据说凤凰出现则天下太平，郭璞（pú）在《尔雅》的注解中对凤凰的形象进行了详细描绘，称其拥有鸡头、蛇颈、燕颔（hàn）、龟背、鱼尾，身高六尺许，五彩斑斓。《山海经》则记载凤凰形状像普通的鸡，全身五彩。凤凰被视为神鸟，是祥瑞的象征，它不仅代表权力和尊贵，其花纹还象征着儒家所倡导的"仁义礼智信"等美德。大凡凤凰出现，载歌载舞，百兽也与它们和睦相处，象征四海升平，众生安泰，还时常象征圣明之君。同时，在儒家典籍中，凤凰是瑞鸟，是吉兆。《礼记》中说"麟凤龟龙，谓之四灵"；《诗经》中的凤凰雍容华贵，叫声如绝美的天籁；在《论语》当中，孔子也以凤凰飞翔来代表盛世将至、国家有望。李白受道家文化的影响，喜爱用庄子《逍遥游》中的大鹏形象自比，例如在《大鹏赋》中，他将自己比作大鹏，恣（zì）意搏击长空；《上李邕（yōng）》中也用大鹏形象展现自己的政治抱负——"大鹏一日同风起，扶摇直上九万里"。相似的是，杜甫也拥有自己的文学图腾，他将凤凰视为自己的艺术化身。杜甫七岁时吟咏凤凰的诗早就亡佚（yì），但他一生留下了诸多描写凤凰的诗篇，现存杜甫诗词当中直接或者间接写到凤凰的就有六十多处。童年时代深深的凤凰情结，成为诗人一生剪不断的精神纽带。

乾元二年（759 年）杜甫四十八岁，这年七月，他因对朝廷和官场绝望而辞了官，短暂的河南故里之行后，杜甫从关中赶往秦州（今甘肃天水），十月又离开秦州前往同谷（今甘肃成县），途经同谷东南十里的凤凰山。相传此山有凤凰来过，故名凤凰山，山上有一个高台，名为凤凰台。杜甫便写下了《凤凰台》一诗：

亭亭凤凰台，北对西康州。西伯今寂寞，凤声亦悠悠。山峻路绝踪，石林气高浮。安得万丈梯，为君上上头。恐有无母雏，饥寒日啾（jiū）啾。我能剖（pōu）心出，饮啄慰孤愁。心以当竹实，炯然无外求。血以当醴（lǐ）泉，岂徒比清流。所贵王者瑞，敢辞微命休。坐看彩翮（hé）长，举意八极周。

自天衔瑞图，飞下十二楼。图以奉至尊，凤以垂鸿猷（yóu）。再光中兴业，一洗苍生忧。深衷正为此，群盗何淹留。

这首诗开篇从凤凰台的方位着笔，从凤凰台联想到"凤鸣岐山"的周文王姬昌，传说周文王时有凤凰鸣于岐山。但诗人很快回归现实，眼前是崎岖险峻的凤凰台。多希望能有一把"万丈梯"帮助自己登临峰顶啊。诗人又想象有一只失去母亲的雏凤，在饥寒中啾啾鸣叫，这不就是诗人的自况吗？年少丧母，此时饥寒交迫、漂泊无依。看着弱小无助的雏凤，诗人宁愿剖出心头血，以自己的生命去换取雏凤的生命。既然凤凰非竹实（竹子的果实）不食，那我就用我的心去喂养它；既然凤凰非醴泉（甘甜的泉水）不饮，那我就用我的血液去滋养它。可见雏凤还代表着陷入泥淖（nào）的国家和人民，诗人发誓要剖心沥血，养育无母的雏凤，保存祥瑞，中兴大唐，为苍生解忧除害，早日消灭安史之乱的叛军，救国救民。可见诗中的凤凰不仅是祥瑞，更承载着杜甫的家国情怀。

大约在大历四年（769 年），杜甫在湖南潭州作《朱凤行》："君不见潇湘之山衡山高，山巅朱凤声嗷嗷。侧身长顾求其群，翅垂口噤心甚劳。下愍（mǐn）百鸟在罗网，黄雀最小犹难逃。愿分竹实及蝼蚁，尽使鸱（chī）枭相怒号。"杜甫以朱凤自喻，托物起兴，自明其志。吟咏朱凤，既状其貌，又摹其声，朱凤在山顶看见百鸟都坠入罗网，连最小的黄雀也无法逃脱，有心营救却无能为力，想将自己的竹实分给蚂蚁，无视猫头鹰等恶禽的号叫。虽写朱凤，然而又句句都在抒发诗人的怀抱，一个仁心爱民、刚肠嫉恶的醇儒形象跃然纸上。

闻一多先生在《唐诗杂论》中说："凤凰是禽中之王，杜甫是诗中之圣，咏凤凰简直是诗人自占的预言。"杜甫从七岁开口歌咏凤凰，到四十八岁作《凤凰台》，以至去世前一年作《朱凤行》，他一直歌唱凤凰、赞美凤凰、向往凤凰、追求凤凰，一生执着，毫不懈怠。七岁那年吟咏的凤凰冲破童年的天真幻想，挥动着翅膀，从开元盛世飞过安史之乱，从放荡齐赵到旅食京华，再到蜀道悲歌，为共同遭遇苦难的百鸟而悲叹，终于化作独特的"沉郁顿挫"的悲鸣，在诗歌史上留下了浓墨重彩的一笔。

洛阳翰墨场

杜甫十四五岁时，学业有成，开始结交洛阳的文人雅士，在诗坛崭露头角。他回忆说："往昔十四五，出游翰墨场。斯文崔魏徒，以我似班扬。……性豪业嗜（shì）酒，嫉恶怀刚肠。脱略小时辈，结交皆老苍。饮酣（hān）视八极，俗物都茫茫。"（《壮游》）"斯文崔魏徒"指的是崔尚与魏启心，崔尚的生卒年不详，郑州（今属河南）人。武周久视元年（700 年）考中进士。官至祠部郎中，能文会诗，留下了一首五言奉和之作。魏启心，中宗神龙二年（706 年）管乐科登第。玄宗开元中，官至祠部郎中、豫州刺史。杜甫生于先天元年，他在十四五岁去拜谒（yè）两人时，距离他们登科已经多年了，可见二人对杜甫确实是"结交皆老苍"了。有趣的是，崔、魏等人居然也愿意和一个"小屁孩"打交道，甚至还夸奖杜甫颇有班固和扬雄之风，可见杜甫的少年老成。班固是东汉史学家、文学家，与司马迁并称"班马"。他潜心二十余年，修成《汉书》，开创"包举一代"的断代史体例，班固也颇有文学才能，善辞赋，有《两都赋》传世。扬雄是西汉辞赋家、思想家，有《甘泉》《河东》等赋，有《法言》《太玄》等著作。扬雄与司马相如、班固、张衡并称为"汉赋四大家"。崔尚和魏启心将少年杜甫与班固、扬雄相提并论，可见那个年纪的杜甫之才学在他们眼中已经相当出色了。

　　杜甫还多次观看过大唐"歌神"的演唱会。他在《江南逢李龟年》中道："岐王宅里寻常见，崔九堂前几度闻。正是江南好风景，落花时节又逢君。"大意是从前在岐王府邸（dǐ），在崔九（崔涤）客厅我们经常见面，我也多次聆听你的歌声。如今，在大美江南，在落英缤纷的暮春时节，我又和你在异乡重逢。大概杜甫与李龟年就是在洛阳岐王府邸、崔九堂前初逢。岐王李范和崔九也是他年少时在洛阳所识。当时，杜甫常随着文人雅士出入岐王宅院。岐王李范是唐玄宗李隆基的弟弟，位尊人贤，麾（huī）下聚集了一批文人骚客、音乐人才。李龟年、李彭年和李鹤年兄弟三人风光无限，而李龟年当时可以说是大唐"歌神"，一曲唱罢，三日绕梁。可当两人晚年在江南重逢，大唐早已不是那个大唐了，安史之乱爆发后，杜甫辗转漂泊，李龟年在他乡卖艺，真是世事无常、岁月沧桑啊！

遥想当年在东都，杜甫年纪尚轻，又受到了老一辈文士的欣赏，不免有自许之意，所以他自言"饮酣视八极，俗物都茫茫"（《壮游》），又自称"读书破万卷，下笔如有神"（《奉赠韦左丞丈二十二韵》），这自信又狂傲的少年，多么像他的祖父杜审言啊！

在这里我们还发现了少年意气，完全不像"老杜"的杜甫。"忆年十五心尚孩，健如黄犊走复来。庭前八月梨枣熟，一日上树能千回。"（《百忧集行》）五十岁的"老杜"，回忆起十五岁的小杜，感觉那时候的自己就像一头小牛犊一样，撒欢玩耍，八月梨、枣成熟的季节，他脚底生风，上树千回，去偷摘梨、枣吃。年少的他是多么顽皮捣蛋，充满生机活力啊！这个天真烂漫的少年爬上树梢，眺望远方，前方自有那盛世大唐等他来看。

读故事 学知识

别 驾

一种官职，始置于汉朝，时为州刺史的从事史。每当刺史乘车出巡时，其他属下几人合乘一车，而从事史地位较高，可独乘一车，因而又称为别驾。南北朝时，别驾开始负责州、府的总务，职位越发重要。隋朝时，别驾改名为长史，作为刺史的助手。到了唐朝，长史改名为郡丞，后又把郡丞改为别驾。唐高宗时期，又把别驾改为了长史。直到宋朝，别驾这一职位名称才逐渐消失，承担其职责的是通判。

翩若惊鸿

多用来形容女子的体态轻盈。

出自三国魏曹植的《洛神赋》："其形也，翩若惊鸿，婉若游龙。"意思是（洛神）的形影，翩然若惊飞的鸿雁，婉约若游动的蛟龙。

《尔雅》

《尔雅》是中国第一部字辞书，还是儒家典籍"十三经"中的一部。大约成书于秦汉，后经历代学者编纂完善而成。"尔"是"近"的意思，"雅"是"正"的意思，大致是指以雅正之言解释古语词、方言词，使之近于规范。

全书现存十九篇，内容包括对古代词汇、亲属称呼的解释，还有对宫室建筑、日常用品、乐器、天文历法、行政区划、山川河流，以及各种花草、树木、虫鱼、鸟兽等的注解，对后来的训诂学、音韵学、词源学、文字学、方言学乃至医药学都有着重要影响。

凤鸣岐山

凤凰，祥瑞之鸟，雄曰凤，雌曰凰，是天命所归和太平盛世的象征。岐山，即今天陕西省宝鸡市岐山县，为周朝的发源地。

周人由豳（bīn）地迁居岐山之阳的周原后，到了周文王时，国力大增，逐渐向外扩张。这时，有凤凰来岐山栖息鸣叫，人们认为是因文王有德政才有凤来仪，也是周将兴盛的征兆，为之后取商而代之在舆论上造势。

出自《竹书纪年》中的记载："文王梦日月著其身，又鷟（zhuó）鸑（yuè）鸣于岐山。孟春六旬，五纬聚房。后有凤凰衔书，游文王之都。"

鷟鸑：传说中的鸟名，凤属。孟春：春季的第一个月，即农历正月。五纬：即金、木、水、火、土五星。

岐王李范

李范，唐睿宗李旦第四子，唐玄宗李隆基的弟弟。他一生不喜争权，更不恋高位，唯好学爱才，雅善音律，常与王维、崔颢等人作诗唱和，文人士子出入岐王宅邸为寻常事。著名乐师李龟年也经常拜访岐王。因此，杜甫在《江南逢李龟年》中道"岐王宅里寻常见"，当是不虚。

二

漫游在开元盛世

忆昔开元全盛日

　　杜甫是见过盛唐风采的人。那么，什么是盛唐？唐朝建立后，有两个被史家称为盛世的时期，第一个是唐太宗李世民贞观时期（627—649 年），第二个是唐玄宗开元时期（713—741 年）。杜甫所处就是第二个盛世——开元盛世，大唐在此时达到了隆盛的顶点。

　　杜甫出生那年，唐玄宗李隆基即位，紧接着除掉太平公主巩固帝位。玄宗即位之初，励精图治，先后任用了姚崇、宋璟、张说（yuè）、张九龄等一批有远见、有作为的人为相，重视农业生产，兴修水利，使封建经济高度繁荣，社会秩序空前稳定，史家称这一时期为"开元盛世"，也称"开元之治"。杜甫在晚年写的《忆昔》诗中，是这样回忆那个闪着光的时代的：

　　忆昔开元全盛日，小邑犹藏万家室。稻米流脂粟米白，公私仓廪（lǐn）俱丰实。九州道路无豺（chái）虎，远行不劳吉日出。齐纨（wán）鲁缟（gǎo）车班班，男耕女桑不相失。宫中圣人奏云门，天下朋友皆胶漆。百余年间未灾变，叔孙礼乐萧何律。

　　开元时期在全盛之时，人丁兴旺，小小的村落里都有上万户人家。农业丰收，无论是稻米还是小米都很优质。粮食储备充足，储藏米谷的仓库，无论是公仓还是私廪都装得满满当当的。社会安定，天下太平，没有寇盗横行。路无豺虎，指的是路上没有绿（lù）林好汉拦路抢劫，旅途平安，随时可以出门远行，不必搬出老皇历挑选吉日，因为每天都是好日子。手工业和商业发达，到处是贸易往来的商贾（gǔ）车辆，络绎不绝。男耕女织，各安其业，各得其所。再看国情民意，大国泱（yāng）泱，礼仪之邦，宫中奏响云门之乐。九州一统，四海归一，人民友善和谐。再看社会气象，百余年间没有较大的灾祸，制礼作乐，政治清明，像汉代一样昌盛，真是好一派繁荣景象！

根据《新唐书·食货志》记载："是时，海内富实，米斗之价钱十三，青、齐间斗才三钱。绢一匹，钱二百。道路列肆，具酒食以待行人。店有驿驴，行千里不持尺兵。天下岁入之物，租钱二百余万缗（mín），粟千九百八十余万斛（hú），庸、调绢七百四十万匹，绵百八十余万屯，布千三十五万余端。"到天宝十三年（754年），唐朝户口数达到："户九百六万九千一百五十四，口五千二百八十八万四百八十八。"又有记载："海内富安，行者虽万里，不持寸兵。"（《资治通鉴》）即使万里之行都不用携带任何防身的武器。可见杜甫的记载和史料的某些记载是可以相互印证的，他以诗写史，真实再现了开元盛世。

但此诗题为《忆昔》，是追忆之作也是讽今之作，在这花团锦簇的盛唐繁荣之下，矛盾和危机暗流涌动。正是因为杜甫见过盛唐，所以当安史之乱爆发，大唐王朝一点一点被侵吞蚕食时，他才格外悲痛。就像鲁迅先生说的"悲剧将人生的有价值的东西毁灭给人看"（《再论雷峰塔的倒掉》）。

对杜甫来说，这时候也到了出门看世界的年纪，该出去走走了。于是，杜甫效仿前贤，漫游四方，快意江湖，在他最美好的年纪去见识最繁华的大唐。

江南吴越

俗话说"读万卷书，行万里路"，漫游，是中国文人从孔子开始的一种优良传统，到唐代则蔚为大观。孔子周游列国是为了推行政治主张，司马迁的三次漫游是为写《史记》做准备，还有谢灵运的山水漫游，是为了云游览胜。而到了盛唐，漫游已经成为一种风尚，文人士子游览名山大川，凭吊古迹，结交好友，干谒考官，在漫游中见天地、见众生、见自己。

漫游是需要条件的。首先，漫游需要社会秩序稳定。开元全盛时期经济繁荣，物质生活丰富，社会秩序安定，为大唐士子的漫游奠定了社会基础。其次，漫游需要便利的水陆交通条件。唐代的交通非常发达，这与当时商业贸易的兴盛有直接关系，城市与城市之间都有四通八达的大道连接；而且京杭大运河的进一步开发，沟通了南北水道，加上各条天然河道，形成了一个庞大的水运网络，水陆交错，四通八达，为人们出行提供了便利。同时，驿传制度的建立，不仅满足了政令传达、官员往来，也为漫游提供了交通保障。再次，它和当时的社会风气有关，唐代的科举考试因循隋朝旧制，考试的科目分常科和制科两类。每年分期举行的称常科，考生有两个来源：一个是生徒，一个是乡贡。由京师及州县学馆出身，直接送往尚书省受试者叫生徒；不由学馆而先经州县考试，及第后再送尚书省应试者叫乡贡。由乡贡入京应试者通称举人。主试官员除详阅试卷外，有权参考举子平日的作品和社会舆论对他的评价来决定去取。当时，在政治上、文坛上有地位的人及与主试官关系特别密切者，皆可推荐人才，参与决定名单名次，谓之"通榜"。因而，应试举人为增加及第的可能性和争取名次，多将自己平日诗文加以编辑，写成卷轴，在考试前送呈有声望有地位者，以求推荐，此后就形成了风尚，即称为"行卷"或"干谒"。因此，凭交游以扬名，借干谒以造势，对于很多准备考试的士子就变得很重要了，他们仗剑去国，辞亲远游，交游也好，干谒也罢，总之是要通过旅行漫游，来初步展开自己的政治抱负。

文人漫游的方式一般有宦游、边塞游、隐游与闲游等，其中干谒求官期间的漫游最具典型性和代表性。干谒之风在唐朝盛行，包括杜甫、李白、白居易在内的许多文人寻求入仕门径时，都曾向当朝权贵或社会名流呈献诗文，以展示才华与抱负。在干谒之风盛行的背景下，诗作产量极高，如杜甫笔下的《赠韦左丞丈济》《奉赠韦左丞丈二十二韵》，李白笔下的《赠裴司马》《与韩荆州书》等都是干谒之作品。

杜甫同当时大多数青年士子一样，开启了他的漫游之旅。杜甫青年时期的漫游主要有两次：一次漫游吴越，一次漫游齐赵。开元十八年（730年）杜甫十九岁，他第一次出远门到了郇（xún）瑕（今山西临猗县），没多久就返回了洛阳。此行他结识了两个好朋友——韦之晋、寇锡，后来他写道"往别郇瑕地，于今四十年"（《奉酬寇十侍御锡见寄四韵，复寄寇》），回忆自己与韦、寇二人四十年的交往。他们从年少邂（xiè）逅（hòu），保持朋友关系整整四十年，正是朋友一生一起走，这是多么深厚的友谊啊！

次年，杜甫二十岁，开始了历时四年的吴越漫游。"吴越"一名来自春秋吴国、越国的国名，各取一字，指代春秋吴越的核心地区，在今天的江浙地区，包括江苏南部、上海、浙江、安徽南部、江西东北部一带。所谓"江南佳丽地，金陵帝王州"，在当时，这是一条经典的旅行路线。杜甫从洛阳出发，乘船经广济渠、淮水，过邗（hán）沟，渡长江前往江宁（今江苏南京）；然后南下，从姑苏（今江苏苏州）再到杭州，后入会（kuài）稽（今浙江绍兴），从天姥（mǔ）山返程。当他到姑苏时，甚至想远游扶桑（今日本），结果没有去成，还备感失落，可见其游兴之高。来自中原河洛大地的少年，第一次感受到江南的草长莺飞、山水形胜和烟雨蒙蒙的灵秀之美。

让我们看看杜甫都去吴越的哪些地方"打卡"了吧！

杜甫到江宁，去了瓦官寺。大约三十年后，杜甫回忆起年少时

初到江宁瓦官寺观看壁画的场景："看画曾饥渴，追踪恨渺茫。虎头金粟影，神妙独难忘。"（《送许八拾遗归江宁觐（jìn）省。甫昔时尝客游此县，于许生处乞瓦官寺维摩图样志诸篇末》）瓦官寺位于金陵凤凰台旁边，是江南著名古寺，始建于东晋，因顾恺之所绘的维摩诘壁画而闻名。诗中的"虎头"指的是顾恺之的小字。顾恺之是东晋著名画家，博学多才，擅诗赋、书法，尤善绘画，精于人像、佛像、禽兽、山水等，世人称之为三绝——画绝、才绝和痴绝。相传起初要修建瓦官寺，僧侣们开始"拉赞助"，当时官员士大夫捐助善款最多是十万钱，顾恺之在功德簿上大笔一挥，捐一百万钱！紧接着顾恺之在瓦官寺闭关一个月，精心绘制了一幅维摩诘画像，躯体、面容全部画完，就留下一双眼睛没画。据说顾恺之画像最能捕捉人物的神态，而眼睛又是人像传神的关键。等到顾恺之出关那天，为了亲眼见到他的点睛之笔，信众观者如堵，施舍百万，在顾恺之的妙笔丹青点睛的一刹那，只见那画像佛光闪闪，映照得整座寺庙都熠（yì）熠生辉。

多年以后，瓦官寺迎来了年轻的诗人杜甫，他站在壁画面前，目眩神迷，如饥似渴地细细观摩着这件艺术瑰宝，恨不得与顾恺之生在同一时代。

他在《壮游》中曾回忆这次旅行经历："东下姑苏台，已具浮海航。到今有遗恨，不得穷扶桑。王谢风流远，阖（hé）庐丘墓荒。剑池石壁仄，长洲荷芰（jì）香。嵯峨阊（chāng）门北，清庙映回塘。每趋吴太伯，抚事泪浪浪。枕戈忆勾践，渡浙想秦皇。蒸鱼闻匕首，除道哂（shěn）要章。越女天下白，鉴湖五月凉。剡（shàn）溪蕴秀异，欲罢不能忘。"

杜甫在江宁，一路追寻名士的足迹，除了看过乌衣巷口的夕阳，听过王谢堂前的燕鸣，他还打卡过姑苏台。姑苏台又名姑胥（xū）台，在苏州城外西南隅的姑苏山上。姑苏台遗址即今灵岩山。始建于吴王阖闾，后经夫差（chāi）续建，历时五年乃成。建筑极华丽，规模极宏大，耗资极庞大。

阖闾死后，其子夫差召十万能工巧匠为父亲打造墓穴，以三千宝剑殉葬。相传其中的宝剑"鱼肠"精致短小，可藏于鱼腹之中，阖闾就是将其藏在鱼腹，刺杀吴王僚后才夺得王位的。传说秦始皇曾想盗取宝剑，令人凿墓取剑，刹那间墓陷成池，便成了"剑池"。杜甫来到此处之时，只看到剑池石壁上苍苔斑斑，掩映着池塘碧水，想起遥远的传说，唏嘘不已。

杜甫还打卡了泰伯庙，并在此处感动得热泪盈眶。泰伯即吴太伯，是周太王古公亶（dǎn）父的长子，周文王姬昌的叔父。古公亶父有三个儿子，泰伯、仲雍、季历（古人兄弟排行次序为伯、仲、叔、季）。相传季历和他的儿子姬昌都很贤明，古公亶父因此有立季历为继承人的想法，以便传位给姬昌。泰伯知道父亲的心思，深明大义，为了成全父亲，他便和二弟仲雍迁居到江南。当时的江南还是荆蛮之地，当地人断发文身，泰伯入乡随俗也剪短了头发，在身体上刺上花纹，以决绝的态度表示不再继承君位；并且他还带领百姓们开发江南，使得原本落后的江南地区逐渐走向文明开化。对于泰伯的主动让贤，孔子都感慨"其可谓至德也已矣"（《论语·泰伯》），就是说泰伯让贤已经是德行的顶点了。这种高尚的道德，使深受儒家思想浸染的杜甫生出无限敬仰，心有戚戚，泪流涟涟。

"除道哂买臣"讲的是西汉朱买臣的故事。朱买臣年轻时是个落魄书生，家境贫穷，靠砍柴卖钱维持生计。他担着柴，边走路边读书，大家都笑他是个书痴，妻子嫌弃他穷困而离开了他。后来朱买臣被汉武帝召见，汉武帝赏识其才能封其为会稽太守。回家乡上任时，朱买臣换上旧衣，藏起官印，将迎接他的官员好好戏弄了一番，还将前妻及其丈夫接到家中好好招待。不久，他的前妻羞愧难当，上吊而死。"买章"，就是朱买臣藏起来的太守印信。杜甫对这样的故事，态度是"哂"，就是嘲笑。因为朱买臣的这种行为，的确很小家子气啊！

杜甫还去了勾践庙，想起了"卧薪尝胆"的越王勾践。而在渡过浙江之时还想到了横扫六合的秦始皇嬴政。那些名垂青史的英雄随着江水滔滔逝去，让杜甫年纪轻轻就生出了世事不过一场大梦之感。

杜甫继续前行到越地，他来到鉴湖时正值初夏。鉴湖原名镜湖，相传黄帝铸镜于此而得名。鉴湖湖面宽阔，水势浩渺（miǎo），泛舟其中，近处碧波映照，远处青山重叠，犹如在镜中游。杜甫来到此处，见到了当地的女子，惊讶于她们清丽的容颜和白皙的皮肤。不知他可曾想起先秦时代那首有着"山有木兮木有枝，心说君兮君不知"这样美丽歌词的《越人歌》。

据方志的记载，绍兴东南二百八十里有嵊（shèng）县。剡溪在嵊县以南，由南来的澄潭江和西来的长乐江汇流而成，由嵊州境内向北流经上虞后称曹娥江，再汇经钱塘江入海。澄潭江俗称南江，因江底坡度较大，水势湍急，也称"雄江"；长乐江又叫西江，江底较平，水流缓和，称为"雌江"。洪水来时，两江汇合之后，中间夹有一条细长的银色带状水流，把雌雄两水隔开，南面浑浊而浪涌，北面清亮而波平，形成一江两流、中嵌银带的壮丽奇景。杜甫行至此溪，两岸万壑争流，众源并注，或奔或汇，逶（wēi）迤九曲，多年之后他仍难以忘怀剡溪的秀美奇景。

吴越风景优美，自古以来人文荟萃，在杜甫的诗里，我们看到年轻的杜甫或激动，或忧郁，或喜悦，或唏嘘，吴越之行开阔了他的眼界，增长了他的阅历，提高了他的美学修养，有助于他的诗歌艺术的提高。

丛台放歌　青丘射猎

开元二十三年（735年）的夏天，二十四岁的杜甫返回巩县准备参加即将在东都洛阳举行的进士考试。这年的进士考试在洛阳崇业坊福唐观举行，主考官是孙逖（tì）。意外的是，这次考试杜甫落榜了；有意思的是，这次落榜，诗人没有我们想象中的失落和沮丧，他说"气劘（mó）屈贾垒，目短曹刘墙。忤（wǔ）下孝功第，独辞京尹堂"(《壮游》),大意是我当时的气概可以和屈原、贾谊相比,胸中的才华使我轻视曹植、刘桢的辞章,谁知道我的诗文不合考官的胃口,所以名落孙山。可能是少年气盛对自己的才华充满自信,也可能觉得不过是马有失蹄,以后还有大把机会,对于这次考场失意,他虽然有懊恼之情,却并没有过分在意。

在落榜的第二年,开元二十四年(736年),杜甫又兴致勃勃地开启了他的第二次漫游,从二十五岁到二十九岁,他都在齐赵之地漫游。齐赵,指山东和河北南部一带。杜甫的父亲杜闲当时任兖州司马,他到兖州省亲之时正好可以漫游齐赵之地。杜甫在《壮游》中是这样描绘这次旅行的:"放荡齐赵间,裘马颇清狂。春歌丛台上,冬猎青丘旁。呼鹰皂枥(lì)林,逐兽云雪冈。射飞曾纵鞚(kòng),引臂落鹙(qiū)鸧(cāng)。苏侯据鞍喜,忽如携葛强。"齐赵之地,任我放荡,轻裘肥马,自在轻狂。春日的阳光里,我登临当年赵王兴建的丛台引吭高歌。萧瑟的冬天,我也曾在齐景公狩猎过的青丘旁打猎,曾在皂枥林中纵鹰博鸟,在云雪岗上纵马逐兽。我也曾放箭疾驰射飞鸟,发箭应声落鹙鸧。同游的好友苏预跨坐在马鞍上,惊喜异常,说他就像晋朝征南大将军山简坐镇襄阳,而我正是他的爱将葛强。

这段回忆是何等意气风发!苏预是杜甫在齐赵漫游时结交的游伴,后来为避讳代宗李豫改名源明。避讳,指封建时代对于君主和尊长的名字,要避免直接说出或写出。古人的避讳主要源于对尊长和帝王名号的尊重与敬畏,逐渐形成了一种道德约束和文化现象。

避讳在中国古代社会中普遍存在，它体现了封建时代严格的等级制度和对"天地君亲师"等尊贵对象的尊敬。那么要怎样避讳呢？比如说，对帝王名号的避讳，古代帝王及其家族的名字、别号等所涉及的字（包括同音、近音的字）是不能直接说、直接用、直接写的，这种避讳被称为"国讳"。除了帝王之外，对于长官和尊亲的名字也需要避讳，以表示对他们的尊重和敬意。避讳的做法包括但不限于改姓、改地名、改人名等。比如，唐太宗李世民时期，"观世音菩萨"改为"观音菩萨"。历史上还有因避讳而改变地名的例子，如隋朝杨广称帝时，为避"广"字，将江苏扬州广陵县改为邗江县。避讳不仅存在于书面语言中，还影响到日常生活的各个方面，包括说话、命名等，它是一种深入人心的社会习惯和文化现象。如扬州甘泉路东段"缎子街"改为"多子街"这件事，"缎子街"原是清代绸缎庄会集之处，然而"缎子"与"断子"同音，一时间街市冷落、生意清淡。后来改"断"为"多"，一字之差，含义迥异，街市热闹起来，甚至迎亲花轿也要绕道走"多子街"，以求多得贵子。了解避讳文化可以帮助我们更好地理解中国古代社会的价值观念和社会规范，也是阅读历史文献时需要注意的一个重要方面。

　　苏源明与杜甫成了一生挚友，杜甫晚年的《八哀诗》中有一首就是为他写的。苏源明是孤儿，少年时长期住在泰山读书，不时到莱芜县（今济南市莱芜区）背点儿粮食充饥，他想起孔子弟子子路为亲人背米，自己却没有亲人可以供养，因而十分伤心。苏源明家里很贫穷，夜里读书只能点柴火照明，他没有换洗的衣裳，穿的衣裳都长霉斑了，他都毫不在意，一门心思读书。皇天不负有心人，后来他进士及第，成为东平（今山东东平县）太守。

除了苏源明外，杜甫还结识了两位好友，一个是高适，一个是张玠（jiè）。

高适，字达夫，一字仲武，渤海蓨（今河北景县）人，后迁居宋州宋城（今河南商丘），是唐代著名的边塞诗人，世称高常侍，与岑（cén）参并称"高岑"。四十六岁时经人举荐中第，后来在安史之乱中，面见唐玄宗陈述军事，得到玄宗、肃宗的赏识；又因平定永王李璘叛乱有功，受到唐肃宗的嘉许，连续升迁，官至淮南、剑南西川节度使，散骑常侍。杜甫于开元二十七年（739年）秋在兖州附近的汶（wèn）水一带结识了高适。杜甫晚年曾写《奉寄高常侍》一诗，诗中有"汶上相逢年颇多，飞腾无那故人何"一句。

张玠也是个豪侠之士，安禄山谋反，派李庭伟带着叛军威胁沿途的城邑投降，来到兖州时，张玠带着乡里的豪杰杀掉了李庭伟等同伙十多人。大历四年，杜甫在湖南遇到的"故人子"就是张玠之子张建封，他的《别张十三建封》写道："相逢长沙亭，乍问绪业余。乃吾故人子，童丱（guàn）联居诸。"张建封子承父业，很有军政才能，后来在维护中央王权、反对藩镇叛乱的斗争中屡立功勋，任徐州刺史，兼徐泗（sì）濠（háo）节度使等职，进位检校礼部尚书，又加检校右仆射（yè），入朝时得到德宗极大的礼遇。他礼贤下士，韩愈等在他手下做过事。

一览众山小

杜甫在此期间，还写下了一首绝佳的登临之作——《望岳》，他生平颇喜欢登高，登高每有佳作，后期还写下了《登楼》《登高》《登岳阳楼》等。

《望岳》之"岳"指东岳泰山，泰山为五岳之首。五岳是指东岳泰山、南岳衡山、西岳华山、北岳恒山和中岳嵩山。泰山号称"天下第一山"，位于山东省中部，隶属泰安市，绵亘（gèn）于泰安、济南、淄博三市之间，总面积250平方千米，主峰玉皇顶海拔约1545米。泰山集国家兴盛、民族存亡的象征于一身，是中华民族的精神家园、东方文化的缩影，承载着丰厚的地理历史文化内涵，有"泰山安，四海皆安"的说法。泰山之美在其雄浑壮丽、美丽壮观的自然风景。泰山的特点为雄、奇、险、秀、幽、奥等，其巍峨、雄奇、峻秀的自然景观令世人慨叹不已。接下来就让我们跟随杜甫一起看看他笔下的泰山。

岱（dài）宗夫如何？齐鲁青未了。造化钟神秀，阴阳割昏晓。荡胸生曾云，决眦（zì）入归鸟。会当凌绝顶，一览众山小。（《望岳》）

诗人为何对泰山如此倾倒呢？这与儒家的思想有关，泰山又名岱山，是古代君王举行封禅（shàn）大典的地方。泰山主峰在泰安市境内，山路盘曲，自下而上，经南天门、东西三天门至绝顶，约四十里。上有登封台，相传为古代帝王登封所筑。战国时齐鲁有些儒生认为五岳中泰山最高，帝王应到泰山祭祀，历代君王在泰山上设坛祭天就叫作"封"，在山南梁父山上辟场祭地就叫作"禅"。《史记·封禅书》载先秦时期在泰山封禅的有七十二位君王，应只是传闻。后来的秦始皇、汉武帝、光武帝、唐高宗都曾举行过这种大典。杜甫开篇尊泰山为岱宗，极言泰山之高大，其拔地通天的雄姿，激发了杜甫登攀向上的渴求。篇末又以孔子"登泰山而小天下"收束，是以泰山之大见自己胸襟气魄之大，表达自己治国平天下的大抱负。海到尽头天作岸，山登绝顶我为峰，这首《望岳》代表了杜甫光芒四射的政治理想。

了解了本诗背后的思想之后，让我们再来看具体的诗句。首句"岱宗夫如何？"泰山怎么样呢？杜甫以问句的形式开篇，表现出诗人的惊叹和仰慕之情。"岱宗"即"泰山"，因居五岳之首，故尊称为"岱宗"。"夫如何"则是诗人对泰山之美的赞叹，传达出他无法用言语形容的感慨。开元十三年（725 年）十一月，唐玄宗登封泰山，封泰山神为天齐王。今东岳庙即祀此神。关于古代帝王封禅的事迹，杜甫是熟知的。玄宗封禅是从东都出发的，杜甫当时已有十四岁，又正在东都，对此事当有印象。由于杜甫自幼对泰山就有了极其伟大、崇高、神圣的概念，一旦身临其境，高山仰止，就不免要发出这样充满敬畏之情、神秘之感的礼赞。

接下来，"齐鲁青未了"一句是对上句"岱宗夫如何"的回答，答语也很妙，仿佛信手拈来却又有千钧之力。先写泰山之广远，诗人用齐鲁大地的青翠山色来衬托泰山的绵延辽阔。泰山郁郁青青，山脉绵延，仿佛笼罩了整个齐鲁大地，一眼望去，那苍翠的山色仿佛没有尽头。这种写法既介绍了泰山的地理位置，又突出了其雄伟壮观，一座大山将此处划分为齐、鲁两地，跨越两地而青犹未了，足见泰山之广远了。

下面再写泰山之高大，"造化钟神秀，阴阳割昏晓"两句，诗人进一步描绘了泰山的神奇秀丽和巍峨高大。泰山实在太高了，太阳照到山南就照不到山北，高大的山脊使山南和山北的天色被分割，一面明亮如晓，一面昏暗如夜。这种描绘不仅突出了泰山的高大，更赋予了它一种神奇的力量。"荡胸生曾云，决眦入归鸟"两句，诗人又描绘了泰山上的云气和归鸟。层云升起，使心胸摇荡，诗人只有极力睁大眼睛远望归鸟，才能将其收入眼底。这种细腻的描绘不仅增强了诗歌的画面感，更表现了诗人对泰山的深情凝视。

最后，"会当凌绝顶，一览众山小"两句，抒发了诗人的抱负和志向。他许下誓言一定要登上泰山的最高峰，俯瞰（kàn）那些在泰山面前显得渺小的群山。孔子曾说："登泰山而小天下"（《孟子·尽心上》），孔子之志与杜甫之志，跨越时代共鸣共振，志在高山，更是志在天下！

一首《望岳》远望山色，近望山势，细望山景，不仅反映了泰山雄奇之美，也表现了诗人磅（páng）礴（bó）的气势和宽广的胸襟，还传达出一种超越自我、追求卓越的精神境界。整首诗以泰山为背景，通过描绘其雄伟壮观的景象和抒发诗人的豪情壮志，展现了一种积极向上、奋发有为的精神风貌。同时，诗人运用生动形象的描绘和细腻入微的刻画，使诗歌具有了强烈的画面感和感染力，意境雄浑，气势恢宏，让我们身临其境地感受到了泰山的壮丽与诗人的情怀。

读 故 事　学 知 识

络绎不绝

形容行人、车马、船只等往来不断。

出自《后汉书·南匈奴传》，南单于师子继位后，前任单于的儿子逢侯反叛，于是，师子派越骑校尉冯柱等人率兵攻打叛军。逢侯不敌，被迫逃入漠北。不久，乌居战亦反叛，逃往塞外。叛军时常扰边。于是，冯柱又率兵平定叛军残部，并将投降者安置于安定、北地。班师后，冯柱升任将作大匠。"逢侯部众饥穷，又为鲜卑所击，无所归，窜逃入塞者络驿不绝。"意思是，逢侯的部众饥饿穷困，又时常遭遇鲜卑攻打，走投无路，逃进塞内的人络绎不绝。

《新唐书》

《新唐书》之名是相对《旧唐书》而言。

《旧唐书》成书于后晋开运二年（945年），由刘昫等编撰。原名《唐书》，直至《新唐书》问世后，才改称《旧唐书》。《新唐书》成书于宋仁宗嘉祐五年（1060年），由欧阳修、宋祁、范镇、吕夏卿等编著。二者都是记载唐朝历史的纪传体断代史书，也都属"二十四史",但体例略有不同,内容各有侧重,对有些历史事件和人物传记有相互矛盾之处,可对照参看。

干谒

指为达成某种目的而求见地位高的人。干:求。谒:指拜访、探访。

出自《北史·郦道元传》:"道慎弟道约,字善礼,朴质迟钝,颇爱琴书。性多造请,好以荣利干谒,乞丐不已,多为人所笑弄。坎壈于世,不免饥寒。晚历东莱、鲁阳二郡太守。为政清静,吏人安之。"说的是,郦道约为人朴实,天资一般,喜好弹琴读书。经常登门拜访有地位的人,乞求功名利禄,而被人嘲弄。他长久不得志,生活难免清苦。直到晚年才出任东莱、鲁阳二郡太守。他为政清简,治下安定。

郦道约,是郦道元的五弟。造请:登门拜访。坎壈(lǎn):困顿,不顺。

卧薪尝胆

原指睡在柴草上，并舔尝苦胆，以激励自己不忘苦难，努力奋斗。后多形容刻苦自励，发愤图强。

出自《史记·越王勾践世家》，在吴越两国交战中，越王勾践大败，被困会稽，几陷绝境。他通过贿赂吴国太宰嚭（pǐ），向吴王夫差求和，得以赦免，撤军回国。勾践回国后，"乃苦身焦思，置胆于坐，坐卧即仰胆，饮食亦尝胆也"，即把苦胆挂在座位旁边，坐卧都要抬头舔尝苦胆，吃饭时也要舔尝苦胆，还要问自己："你忘记会稽的耻辱了吗？"经过一番励精图治，苦心经营，越国实力逐渐增强，于是举兵攻打吴国，吴军大败，夫差绝望自杀，吴国灭亡。

六合

六合，上下和东西南北四方，即天地四方，泛指天下或宇宙。

出自《庄子·内篇·齐物论》："六合之外，圣人存而不论；六合之内，圣人论而不议。"意思是说天地之外的事物，圣人知道其存在但不说它；天地之内的事物，圣人说了但不议论它。

汶上相逢年颇多，

飞腾无那故人何。

出自杜甫的《奉寄高常侍》："汶上相逢年颇多，飞腾无那故人何。总戎楚蜀应全未，方驾曹刘不啻（chì）过。今日朝廷须汲黯，中原将帅忆廉颇。天涯春色催迟暮，别泪遥添锦水波。"

这是一首寄奉之作，写于唐代宗广德二年（764年）三月，高适入朝受任散骑常侍。而杜甫于唐玄宗开元二十七年秋天在兖州附近的汶水与高适相识，此时已相隔二十多年。杜甫在诗中表达，与高适的友情并没有因长久未见而发生改变。只是人生迟暮，更觉离别感伤。

无那：无可奈何。曹刘：汉代文学家曹植、刘桢的并称。汲黯：西汉著名谏臣。廉颇：战国时期著名军事将领。

三

夜空中最亮的星

太阳和月亮碰了头

闻一多先生曾说，李白与杜甫的会面，是"太阳和月亮碰了头"，并且在"我们四千年的历史里，除孔子见老子，没有比这两人的会面更重大，更神圣，更可纪念的了"（《唐诗杂论》）。李白和杜甫是大唐诗坛两颗璀璨的巨星，他们的会面应该要敲锣打鼓、大书特书。

友谊，自古以来就是人类情感中不可或缺的一部分。而在古代，诗人们更是以优美的诗句，描绘出了友谊的种种美好。曹丕曾说，文人相轻。文人墨客往往因才华横溢而自视甚高，相互之间亦难免存在轻视与争执。即便在这样的环境下，真挚的友谊依然能够破土而出、枝繁叶茂。李白和杜甫之间的友谊就是文学史上的佳话，被传颂千古。

宋代严羽论及李白和杜甫诗歌的风格时说："子美不能为太白之飘逸，太白不能为子美之沉郁。"（《沧浪诗话》）然则如此不同的两位诗人，在历史长河上却有着一次举世瞩目的相遇，并成了忘年之交。杜甫曾写下"醉眠秋共被，携手日同行"（《与李十二白同寻范十隐居》）的诗句，玩要结伴玩，醉要两人醉，表达了二人之间的深厚情谊。在他们之后的诗歌中也可看出这次短暂的相遇对彼此的重大影响，两人的诗风都互有借鉴。而杜甫对李白的认识也是一个动态的不断深化的过程，越到晚年，杜甫越贴近李白的心灵，逐渐变成一种灵魂的共振。

初见李白

天宝元年（742年），四十二岁的李白得到玉真公主的举荐奉诏入宫，唐玄宗对于李白的才华很赏识，给予隆重的礼遇。李阳冰《草堂集序》谓："降辇步迎，如见绮（qǐ）皓"，"以七宝床赐食，御手调羹以饭之"。意思是皇帝亲自下辇，步行迎接，他还让李白同坐七宝床，并亲手调羹给李白。此时的李白是何其得意，而他的求官之路又何其波折。李白在宫中遭谗言、受冷遇，一直未被授予正式官职。天宝三年（744年）的春天，李白终于上书请求还山，玄宗没作任何挽留，将他打发走了。一句"赐金放还"成了李白宫廷生活的句点。

天宝三年的夏天，杜甫漫游至洛阳，此时的他还未经历世事沧桑，诗名也未显扬。而李白，被赐金放还，早已经是名满天下的诗仙李太白。洛阳城中，酒楼茶肆，文人墨客云集。在这里，杜甫遇到了李白。

我们可以展开想象：天宝三年夏日的某一天，杜甫独自漫步在洛阳的街头，心中默念着自己的诗句，寻找着创作灵感。忽闻前方酒楼上传来阵阵喧哗之声，其中夹杂着清越的吟咏。他好奇地走近，只见酒楼之上，一位白衣飘飘的诗人正举杯高歌，周围的人群都为他那豪放不羁的气场所吸引。那人正是李白。他醉眼蒙眬中，看到了楼下站立的杜甫。两人的目光在瞬间交会，仿佛有一股无形的力量将他们牵引。杜甫早就熟读过李白的很多名诗，此时一见真人，崇敬之情无以言表。一个取得巨大社会声誉的人，往往拥有一种别人无法模仿的轻松和洒脱，这种风范落在李白身上更是让他加倍神采飞扬。眼前的杜甫恰恰是最能感受这种神采的，因此他全然着迷，被李白的诗化人格所感动，觉得如沐春风。李白见到杜甫也是眼前一亮。他历来不太懂得识人，经常上当受骗，但那是在官场和市井。如果要他来识别一个诗人，他却很少看错。即便完全不认识，只要吟诵几首、交谈几句，便能立即做出判断。他感受到了杜甫身上势不可当的才气。李杜相逢，杜甫说"遇我宿心亲"，此时的李白和杜甫可以说是相谈寥寥，却一见如故，之后几番把酒更觉意气相投，因此很快成为好友。

以上当然是文学化的想象与揣测。李杜的相识，应该是朋友介绍的，但是将地点放在酒楼，应该大抵不差。毕竟诗仙和诗圣有一个共同的爱好，就是饮酒！

在洛阳的日子里，李白和杜甫白天相伴游玩，晚上纵情饮酒，相谈甚欢。有时，他们还会骑马驰骋、追鹰逐鹿，在广阔的平原上尽情享受打猎之乐。在这段日子里，虽然李白偶尔还会为"大道如青天，我独不得出"（《行路难三首》）的怀才不遇惆怅，但桑田篱下的清幽生活和杜甫的陪伴，让李白感受到了久违的轻松。而对于杜

甫来说，有了偶像李白的友情，那些生活上的困顿、政治上的失意，通通不算什么了。

三人游

在这一时期，与两人携手同游的还有著名诗人高适，他大概是在天宝三年的秋日加入了李杜两人。这三位杰出诗人间的交往与游历不仅丰富了他们的人生经历，更对他们的诗歌创作产生了深远的影响。

他们从陈留出发，一路向东，经过现在的杞县、睢县、宁陵，到达商丘。西汉时商丘曾经是梁国的国都，梁园是梁孝王时期建造的一个大型皇家园林，当时的梁园极尽奢华。可到了唐朝，经过九百多年的风雨，梁园只剩断壁残垣，曾经的富丽堂皇早已湮（yān）灭，众人不免悲切。在这里，高适写下《古大梁行》，内有"白璧黄金万户侯，宝刀骏马填山丘，年代凄凉不可问，往来唯见水东流"之句；李白则写下《梁园吟》："梁王宫阙今安在？枚马先归不相待。舞影歌声散绿池，空余汴（biàn）水东流海。"

从商丘往北，直到今天的山东地界，当时有一片大泽湿地，三人还在此处纵马打猎。而后，三人同游了单父台，此时的单父台已由时任单父县令的陶沔（miǎn）加以整修，形如半月，又名"半月台"。李白、杜甫、高适、陶沔共登此台，吟咏唱和。李白在《登单父陶少府半月台》中写道："陶公有逸兴，不与常人俱。筑台像半月，回向高城隅。"杜甫后来在回忆这次壮游的诗中说："昔者与高李，晚登单父台。寒芜际碣（jié）石，万里风云来。桑柘叶如雨，飞藿去裴回。清霜大泽冻，禽兽有余哀。"（《昔游》）

　　这次出游，不是一次简单的游玩，而是一次心灵的交流与碰撞。李白、杜甫、高适三人的诗歌，虽然风格迥异，但都表达了他们对人生、爱情、友情和自然的深刻思考。这种思考，正是他们作为伟大诗人的共同之处。在这次出游中，杜甫再次深刻体会到了家族传统对他的影响。杜氏家族有着"奉儒守官"的传统，这使得杜甫在诗歌中始终关注现实，关注民生疾苦，表达了对国家和人民的深深忧虑。而"诗是吾家事"的传统，则让杜甫在诗歌创作上不断追求更高的境界，力求用诗歌来表达自己内心深处的情感和思考。这次出游，也让杜甫更加坚定了自己的诗歌创作理念。他认为，诗歌不仅是抒发个人情感的工具，更是传承文化、弘扬精神的重要载体。他希望通过自己的诗歌，让人们更加深刻地认识到生活的意义和价值，激发人们内心深处的力量和信念。

兖州别

　　幸福的时光总是短暂的，不久之后，这三位大诗人便先后离开了，高适南游楚地，杜甫和李白到了山东齐州（今山东济南）。天宝四年（745 年），杜甫在齐州拜访了李邕。李邕（678—747 年），是唐代书法家、大文豪，在当时被公认为文坛盟主。无论他走到哪里，都有人前呼后拥，无论他住在哪里，都会被来访者堵得水泄不通。李白就曾经写过著名的《上李邕》。而杜甫少年在洛阳时，李邕就十分赏识他，要与杜甫一起论文。

天宝四年，李邕的从孙辈李之芳在齐州任司马，这年夏天，李邕也来到齐州。杜甫于是和他一起游历下亭、新亭。杜甫小住至初秋，又到兖州，这个时候兖州已改称鲁郡，而李白居于此，于是二人再次结伴同游。这时他们的感情又深了一层、厚了一层。这一年，李白四十五岁，杜甫三十四岁，他俩称兄道弟，一起品诗论文，一起巡游览胜。在某个无风的秋日，迎着南归的雁鸣，两人骑马前往城郊去拜望范十。范十，应该是相互熟悉的朋友之间一种亲切的称呼，直接用对方在家族同辈中的排行来代替其名字，就如同称呼杜甫为杜二、称呼李白为李十二一样。李白和杜甫出了城北，秋草丰茂，路径迷离，走不多远，纵马疾驰在前面的李白就迷了路，一头钻到了苍耳丛中，黏了一身的苍耳，扎得够呛，也顾不得身上穿的那件华贵的翠云裘了。结果到了范十家门口时，狼狈得竟然让主人都不敢认了。在酒桌上，李白、杜甫和范十豪饮，随口吟出的诗里，满是得意和自嘲，让人感觉这次访友是非常轻松和惬意的。杜甫由此写下《与李十二白同寻范十隐居》：

李侯有佳句，往往似阴铿（kēng）。余亦东蒙客，怜君如弟兄。醉眠秋共被，携手日同行。更想幽期处，还寻北郭生。入门高兴发，侍立小童清。落景闻寒杵（chǔ），屯云对古城。向来吟橘颂，谁与讨莼（chún）羹？不愿论簪笏（hù），悠悠沧海情。

诗歌不长，格调高古，兴致飘逸。同时，李白写下《寻鲁城北范居士失道落苍耳中见范置酒摘苍耳作》：

雁度秋色远，日静无云时。客心不自得，浩漫将何之。忽忆范野人，闲园养幽姿。茫然起逸兴，但恐行来迟。城壕失往路，马首迷荒陂（bēi）。不惜翠云裘，遂为苍耳欺。入门且一笑，把臂君为谁。酒客爱秋蔬，山盘荐霜梨。他筵不下箸（zhù），此席忘朝饥。酸枣垂北郭，寒瓜蔓东篱。还倾四五酌，自咏猛虎词。近作十日欢，远为千载期。风流自簸荡，谑（xuè）浪偏相宜。酣来上马去，却笑高阳池。

诗写得生动传神，幽默轻快。从这两首诗，可以看出李、杜诗风的不同。

除了范居士，他们还访问了隐居于东蒙山的元逸人（杜甫《玄都坛歌寄元逸人》："故人昔隐东蒙峰，已佩含景苍精龙。"）和董奉先炼师（《昔游》："东蒙赴旧隐，尚忆同志乐。休事董先生，于今独萧索。"）杜甫说元逸人这时"已佩含景苍精龙"，可见他是个修道学仙的隐者。紧接着，他们又去往王屋山访华盖君，岂料华盖君已仙逝，只得转寻董炼师。既说"休事董先生""尚忆同志乐"，想必与李白等人见到了董炼师，并曾跟随他在修行静室或炼丹炉旁参悟见习过一番，但他们不辞辛苦、辗转千里、梦寐以求的"金匕药"似乎还是没有得到。

而后两人于鲁郡相别，分别之时，自是依依不舍，李白写下了《鲁郡东石门送杜二甫》，不无忧伤地对杜甫说："醉别复几日，登临遍池台。何时石门路，重有金樽开？秋波落泗水，海色明**徂（cú）徕（lái）**。飞蓬各自远，且尽手中杯！"石门山在今山东曲**阜（fù）**县东北。此地石峡对峙如门，峡后有峰，峰顶有泉，流入溪涧，往往形成瀑布，景致颇佳，又是杜甫旧游地，附近还有他们相识的人，所以李白诸人就聚集在这里为杜甫饯别。这诗说，今日分离，我们就像飞蓬一样各自飘远，不知何时能重来这里开筵欢聚。泗水秋波渺渺，海色辉映着徂徕山，美景现虽共赏，转眼便随车远去，各自东西。临别依依，就让我们再为这珍贵的友谊干最后一杯！

李白的惜别之情是深沉的。杜甫当时正处在盛年，他自幼怀着"窃比**稷（jì）**与**契（xiè）**"的壮志，一心渴望大展宏图，他这一阵子之所以热衷于寻仙，除了受世风和李白的影响，主要是出于"二年客东都，所历厌机巧"（《赠李白》），心中有对世俗社会的不满和愤激。折腾了多时，道术不成，丹砂未就，一时的冲动过去了，热忱冷了下来，两年来求仙学道的活动自然就结束了，从"事幽讨"的"山林"转过身来，重新走上渴求"致君尧舜上"的道路。他以

《赠李白》一诗回赠，表露了对这一短暂漫游寻仙生活的怀疑，并想引起李白足够的重视，认真考虑他今后的生活态度和人生道路，足见是经过深思熟虑而迷途知返的。诗曰：

秋来相顾尚飘蓬，未就丹砂愧葛洪。
痛饮狂歌空度日，飞扬跋扈（hù）为谁雄？

前面已经讲到，由于杜甫年轻识浅，对李白这样一位身经大变故、心藏大矛盾、情绪正处于大震荡之中的兄长理解不深，因此他对李白的规劝即使发自肺腑、盛情可感，但在李白看来，未免显得稚气。不久，这两位中国文学史上成就最为卓越的伟大诗人，结束了他们兄弟般的愉快生活，怀着对这一段共同游历的美好回忆和惜别深情，各奔前程。

杜甫走后不久，李白更觉思念朋友，就写了《沙丘城下寄杜甫》："我来竟何事？高卧沙丘城。城边有古树，日夕连秋声。鲁酒不可醉，齐歌空复情。思君若汶水，浩荡寄南征。"友朋雨散，音尘莫接，寄旅沙丘，无所事事。城边古树，日暮秋声瑟瑟，情境分外孤清。"鲁酒薄而邯郸围"（《庄子·胠（qū）箧（qiè）》），"鲁酒"含有薄酒的意思。齐歌则向来有名。薄酒喝了不醉，不能解愁，心境不佳；歌就算唱得动情也没有什么意味。他因思念杜甫而无心饮酒亦无心听歌了。正所谓"思君如流水，何有穷已时。"（徐干《室思》）李白也好用滔滔不绝的流水比喻一往情深的相思或别意，其他例子如《寄远》中的"相思无日夜，浩荡若流波"，《金陵酒肆留别》中的"请君试问东流水，别意与之谁短长"，等等。

兖州石门一别，杜甫回到洛阳，又去了长安；李白不久之后也离开山东，去了江东。自此，二人就再也没有见过面，杜甫只能聊以诗文寄相思。杜甫在之后的一字一句中，不断地表达着对李白无限的深情和刻骨的想念，他写《饮中八仙歌》夸赞李白，道："李白一斗诗百篇，长安市上酒家眠，天子呼来不上船，自称臣是酒中仙。"李白之于杜甫，是不可替代的存在，杜甫所看一草一木都想告诉李白，春天会想到他，天宝五年春天作《春日忆李白》，诗曰：

白也诗无敌，飘然思不群。清新庾（yǔ）开府，俊逸鲍参军。渭北春天树，江东日暮云。何时一樽酒，重与细论文。

冬天会想到他，于天宝五年冬天作《冬日有怀李白》，诗曰：

寂寞书斋里，终朝独尔思。更寻嘉树传，不忘角弓诗。短褐风霜入，还丹日月迟。未因乘兴去，空有鹿门期。

甚至想亲自去寻找他，作《送孔巢父谢病归游江东兼呈李白》。听到李白"附逆"于永王李璘时，他极力为李白辩白，作《寄李十二白二十韵》。这简直就是传说中的患难见真情啊！在杜甫给李白的诗中，他从不写自己的情况，只写李白，担忧他、维护他，为他感伤，替他叫屈，却丝毫没有顾及自己的处境。其实杜甫自己也过得不好，和李白分别之后的十二年，杜甫的人生就像一部长达百集的苦情剧。奋斗十年，只有一个卑微的底层职位，经历安史之乱，幼子饿死，经历饥荒，辞官西走，常常是饥寒交迫、颠沛流离，如此生活境遇中，他还经常真诚地为李白担心、操心、伤心，实在是让人感动。

读 故 事　学 知 识

文人相轻

指文人之间相互轻视，谁也瞧不起谁。

出自三国魏曹丕的《典论·论文》："文人相轻，自古而然。傅毅之于班固，伯仲之间耳；而固小之，与弟超书曰：'武仲以能属文为兰台令史，下笔不能自休。'夫人善于自见，而文非一体，鲜能备善，是以各以所长，相轻所短。里语曰：'家有敝帚，享之千金。'斯不自见之患也。"意思是文人相互瞧不起，自古就是这样。傅毅与班固比较，不分伯仲，但班固瞧不起傅毅，在给弟弟班超的信中说："武仲（傅毅的字）因为能写文章而做了兰台令史，但文笔冗长拖沓。"人善于发现自己的长处，但文章不只有一种体裁，很少有人能够擅长所有体裁，所以就拿自己的长处去轻视别人的短处。俗语说："自己家里就算有把破笤帚，也觉得价值千金。"这就是不能正确看待自己的弊病。

梁王宫阙今安在？
枚马先归不相待。

出自李白的《梁园吟》，又名《梁苑醉酒歌》。这句诗的意思是，当年豪华侈丽的梁园宫殿如今在哪里呢？风流倜傥的枚乘和司马相如已经作古不见踪影。

梁王：即刘武，汉文帝次子。汉文帝十二年（前168年）封为梁王，谥号为孝，故又称梁孝王。七国之乱时立下大功，又受窦太后宠爱，封于大梁，并得赐天子旗，一度十分显赫、富足。梁园：又称菟园，梁王刘武所建。枚马：指汉代辞赋家枚乘和司马相如。二人都是梁王的座上宾，司马相如曾为梁王写下著名的《子虚赋》，枚乘曾写下《梁王菟园赋》，记录梁园的盛景。

单 父 台

又名琴台、宓台、半月台、子贱台。单父，地名，在今山东单县。

春秋时，孔子的弟子宓子贱任单父宰，他率先垂范，提倡教化，选贤任能，让属下各司其职。闲暇之余，他就坐在堂上抚琴。几年过去了，单父政治清明，百姓安居，因此，宓子贱赢得了"鸣琴而治"的美誉。《吕氏春秋·察贤》记载："宓子贱治单父，弹鸣琴，身不下堂，而单父治。"

后人在宓子贱抚琴的地方修筑高台来纪念他。如今，单父台仍在，成为单县重要的文化遗产。

鲁酒薄而邯郸围

出自《庄子·胠箧》："唇竭则齿寒，鲁酒薄而邯郸围，圣人生而大盗起。"意思是，嘴唇没有了，牙齿就会感到寒冷；鲁侯献的酒味道寡淡而使赵国都城邯郸遭到围困；圣人出现了，盗贼也兴起了。

"鲁酒薄而邯郸围"的具体故事说的是，楚王召诸侯集会，鲁国和赵国皆献上美酒，负责此事的主酒吏知道鲁酒味淡、赵酒醇美，就向赵国使者索贿，被拒绝，因此怀恨在心，暗中将赵酒和鲁酒调换，还向楚王进谗言，说赵国是故意的，早就对楚王不满了。楚王一气之下，发兵围攻邯郸。后用"鲁酒围邯郸"比喻无端受牵连。

四

落拓长安载酒行

长安城来了个年轻人

人在青年之时多豪情万丈，心中有一腔报国的热血。天宝年间的长安即将迎来一位刚结束漫游，学富五车、满腹才情的诗人——杜甫。此时的长安盛世繁华，是读书人实现理想抱负的梦想之地，一众能人志士都渴望前去京城，为国效力。

天宝五年，杜甫入京城长安，此时正值其风华正茂的壮盛之年，又正值开元盛世，他行走于长安城内，望着宽阔的街道、高大的住宅、巍峨的殿宇……这片繁华热闹又充满希望的景象，让杜甫心中的激动之情难以掩饰，他暗暗下定决心，早日实现"致君尧舜上，再使风俗淳"的理想。

此时的杜甫认为，只要心中有抱负，脚下定有路。但谁也不知道前方还有什么磨难在等着他。繁华之下有暗流涌动，在这花团锦簇的盛世之下，唐朝内部的矛盾正在不断地孕育、滋生、激化，而此时入长安渴望被重用的杜甫，则成了统治阶级内部斗争的牺牲品。但初到长安的他，怀抱着实现远大抱负的理想，根本未察觉其中的危机与阴谋。正是困守长安的十年改变了他，把他从"裘马轻狂"的杜郎变成了"万事酸辛"的"老杜"，所有美好的过往、所有闪光的桥段，全都消失了。这困守长安的十年究竟发生了什么？杜甫又经历了哪些梦碎和心碎呢？

初到长安，杜甫仍按照自己的节奏生活，他四处结交长安名士，饮酒作诗，生活之中尽是惬意，欢愉又无虑。杜甫结交的长安名士中，有汝阳王李琎、驸马郑潜曜、李白的好友崔宗之、侍郎苏晋等王公贵族和朝廷要员。这些名士有个共同特点就是喜好喝酒。杜甫曾写下《饮中八仙歌》一诗，将当时长安城中喜欢饮酒的八个"仙人"——贺知章、李琎、李适之、崔宗之、苏晋、李白、张旭、焦遂的醉态写得生动而活泼，诗曰：

知章骑马似乘船，眼花落井水底眠。汝阳三斗始朝天，道逢麹（qū）车口流涎，恨不移封向酒泉。左相日兴费万钱，饮如长鲸吸百川，衔杯乐圣称世贤。宗之潇洒美少年，举觞（shāng）白眼望青天，皎如玉树临风前。苏晋长斋绣佛前，醉中往往爱逃禅。李白一斗诗百篇，长安市上酒家眠，天子呼来不上船，自称臣是酒中仙。张旭三杯草圣传，脱帽露顶王公前，挥毫落纸如云烟。焦遂五斗方卓然，高谈雄辩惊四筵。

诗作基调很欢快，描述了八个居住在长安的"酒仙"，通过他们好酒的言行、举止、场面，写出了他们豪放、旷达的气概。其中，对李白、张旭的醉态描写，实在是太生动了，后来常被人写进他们的传记之中。

虽然胸中有抱负，又才华横溢，但年轻的杜甫还是难以逃避官场斗争的影响。杜甫不同于李白，杜甫一心希望通过科举来实现自己的抱负，殊不知官场已经沦为了统治阶级争权夺利的工具，自开元二年（714年）起，唐玄宗便表露出了其喜爱奢华的本性，其后更是沉迷于歌舞、斗鸡等娱乐之中。等到天宝三年纳寿王妃杨氏，次年立为贵妃后，骄奢更是一发不可收拾。而到了天宝五年，李林甫排挤左相李适之，开始独揽大权。在这种情形下，杜甫又应该如何实现抱负呢？这个年轻人今后的命运又会何去何从？

"野无遗贤"的天宝时代

来到长安渴望一展宏图的杜甫，在等待一个时机，一举成名，实现抱负。天宝六年（747年），唐玄宗下诏，大凡天下之士"通一艺者"，皆可入京赴试。这是一场难得的制科考试，也就是说皇帝亲自广撒英雄帖，只要你有一技之长，都可以来到长安应试。杜甫得知后很是兴奋，以为这是入仕的好机会，开心地参加了此次考试。然而，杜甫眼中的"机会"不过就是一场荒唐的闹剧。

这是中国古代科举史上最离谱的一场考试。是谁主导了这场闹剧？就是当时任宰相的李林甫。李林甫身为宰相，自始至终不关心百姓的疾苦，一味贪图享乐。他深知，一旦朝廷选拔了优秀的人才，他的地位就岌（jí）岌可危。于是，这位"口有蜜，腹有剑"的宰相，利用他擅长的唇枪舌剑、迂回的花言巧语，将此次考试的决定权牢牢掌握在自己手中，那么他是如何操作的呢？他虚张声势地为朝廷招揽人才，并在考试时装模作样地巡考，暗地里却制定了最严苛的程序、最刻薄的条件，为的是让此次考试如同作秀，无法收揽真正有才学的文人志士。

第一步，要让皇帝回避。考试期间，李林甫对唐玄宗说："这些士子都是卑鄙愚笨的人，恐怕会胡言乱语，扰乱圣听。"他心里的小算盘显而易见，就是要想方设法把皇帝支开，不让皇帝靠近考场。第二步，他设定了一个看似合理的程序。建议先由各州各郡各县对士子加以甄（zhēn）选，将其中的优秀者送至长安进行考试，地方官按李林甫的旨意，将极少数优秀者上报，把一些桀骜不驯者除名。最后，他还规定由一位尚书进行复试。这场由御史中丞监考的看似公平的考试，由尚书省副使将名实相符者推荐给皇帝，便又有了可操作的空间。此外，李林甫还临时改换题目，本来制科考策论，他却将考题换成了考诗赋论，相当于考试内容不在考生的复习范围。最终，这次考试无一人被录取！杜甫不是败给最强的对手，而是败给了最阴暗的宰相。当唐玄宗疑惑为何无一人录取时，李林甫竟然荒谬地对唐玄宗说："陛下，如今'野无遗贤'，只因全天下的贤才都网罗到了朝中，朝野之外已经没有人才了，陛下真是圣明啊！"可怕的是，唐玄宗非但没有觉得荒唐，而是在吹捧中迷失了自我，还认为真的已将贤才都纳入了朝堂，自己确实圣明。皇帝不但没有怪罪满口胡言的李林甫，还对其言论大加赞赏。可见此时玄宗有多昏庸，这也预示着大唐王朝即将迎来衰退期。

杜甫后来了解了这场闹剧的真相，愤愤不平，却也无可奈何，自己势单力薄，无法对抗权贵。杜甫后来写诗回忆了这场考试，"破胆遭前政，阴谋独秉钧。微生沾忌刻，万事益酸辛"（《奉赠鲜于京兆二十韵》）。李林甫玩弄诡计，专权跋扈，嫉贤妒能。杜甫一介书生，刚好遇到李林甫控制的这次制科考试，从此郁郁不得志，万事酸辛异常。这次切身体验，使杜甫第一次对黑暗的政治有了认识，而"野无遗贤"仅仅是他困顿的开始，他在长安无法得到重用，四处碰壁。但"屋漏偏逢连夜雨"，更大的打击还在等着他。

抱负难以施展，官场黑暗，年轻的杜甫可谓备受折磨。没想到祸不单行，又得知父亲去世的噩耗，悲痛之余，杜甫必须振作起来，因为他深知此后自己将无依无靠，他必须再次寻求进身的机会，必须得到重用，让自己生存下去。于是杜甫寄居于长安客舍，焦急地寻求机会。李林甫的背后操控断送了杜甫科举进入仕途的希望，迫于生计，杜甫只能向当时的达官显贵呈赋献诗，以求引荐。再者，他还对入仕抱有希望，于是便有了第二种选择——想要越过李林甫，向朝廷献赋，渴望能够直接引起皇帝的注意。但两种方式的进展远没有杜甫想的顺利。达官权贵一方，杜甫遭受的是势利的白眼和冷遇；朝廷一方，一介平民想要吸引天子的注意更是难如登天，努力的结果是一再的失望。经受挫折后，以为会有转机，但杜甫费尽全力，也未得赏识，仍旧没有经济来源，生活窘迫。当时的尚书省左丞是韦济，他很赏识杜甫且对杜甫表示过关心。杜甫落第之后心情郁闷想要离京出游，曾作《奉赠韦左丞丈二十二韵》向他告别，这首诗显现了诗人的才能和抱负，倾诉了长安之行仕途失意、生活潦

倒的境况，诗曰：

纨绔（kù）不饿死，儒冠多误身。丈人试静听，贱子请具陈。甫昔少年日，早充观国宾。读书破万卷，下笔如有神。赋料扬雄敌，诗看子建亲。李邕求识面，王翰愿卜邻。自谓颇挺出，立登要路津。致君尧舜上，再使风俗淳。此意竟萧条，行歌非隐沦。骑驴三十载，旅食京华春。朝扣富儿门，暮随肥马尘。残杯与冷炙（zhì），到处潜悲辛。主上顷见征，欻（xū）然欲求伸。青冥却垂翅，蹭蹬无纵鳞。甚愧丈人厚，甚知丈人真。每于百寮（liáo）上，猥（wěi）诵佳句新。窃效贡公喜，难甘原宪贫。焉能心怏怏，只是走踆（cūn）踆。今欲东入海，即将西去秦。尚怜终南山，回首清渭滨。常拟报一饭，况怀辞大臣。白鸥没浩荡，万里谁能驯？

杜甫在那次考试后，心态也发生了巨大的变化。对他来说那场科举阴谋是一个毁灭式的打击，让他看清了官场的黑暗，光有才华与理想是远远不够的。壮志难酬，经济困难，杜甫可谓是被逼至绝境。初入长安无事可做，再至朝廷考试被迫沦为权贵争权夺利的牺牲品，如今那个初入长安英气奋发、壮志满怀的杜甫已悄然在天宝年间发生了变化，成了苦闷低沉、悲痛难掩的"老杜"。诗人尽显失望，开始借酒浇愁。

杜甫虽然愤懑（mèn），但并没有一直消沉，他很快走上了第二条道路——向朝廷献赋。天宝十年（751年）正月，唐玄宗决定接连三天举行祭祀太清宫、太庙和天地的三大盛典。于是在天宝九年（750年），杜甫创作了"三大礼赋"，分别是《朝献太清宫赋》《朝享太庙赋》《有事于南郊赋》，并且投匦（guǐ）献赋，相当于今天的投递"简历"。终于得到玄宗的赏识，命杜甫在集贤院等待诏令，并且随后派宰相临时命题，进行了一场"加试"，杜甫晚年回忆"集贤学士如堵墙，观我落笔中书堂"（《莫相疑行》）说的就是这件事。可是，这"三大礼赋"仍然没有照亮杜甫的前路，最终他仅仅得到"参列选序"资格，等候分配，也就是说入选了朝廷官员的"人才库"，要等待吏部遴（lín）选才能做官。接下来几年，杜甫仍为一介布衣。等待无望，仕途坎坷，难道杜甫将与官场无缘吗？

　　杜甫于天宝年间，以欢欣雀跃入京城开场，其间历经困顿，当他以为迎来曙光之时，却以悲剧而散场。此间尽是心酸，尽是悲痛，尽是抱负难展之情……而也正是这段困顿的长安岁月，让杜甫诗歌的造诣更高、感悟更深，从与浪漫主义的若即若离而转到现实主义。他目睹了唐朝上层阶级的奢靡与社会危机，为他后来写作"诗史"、成为"诗圣"，奠定了坚实的基础。

广文博士好朋友

　　杜甫在长安的经历令人唏嘘，但他也结交了许多志同道合的朋友，其中他与郑虔的关系最好。郑虔（691—759年），出身著名的荥（xíng）阳郑氏家族，玄宗开元年间他任协律郎；天宝九年，唐玄宗因欣赏郑虔的文才，于七月设置广文馆，设博士、助教各一人，以郑虔为博士，所以当时习称郑虔为郑广文。他和杜甫、李白的关系都很好，杜甫曾和他一起畅游何将军（不知名字）的别业，留下了《陪郑广文游何将军山林》组诗十首。他还善于写诗、画山水画，喜欢书法。不管是协律郎还是广文馆博士，都是清贫的小官，郑虔很穷，写字时常常苦于没有纸可用。但这难不倒郑虔，他在慈恩寺找了几间没人住的屋子，把干枯的柿子树叶存在屋里，每天就在树叶上练习书法。他曾经把自己的诗写下来，并亲笔配上山水画，献给唐玄宗。唐玄宗在上面题了字："郑虔三绝"，指的就是他诗、画、书法三绝。

郑虔虽然看起来风光无限，但还是被达官显贵所轻视。因为广文馆博士是个临时设置的官职，所以朝中大臣根本没把这个临时职务当回事。当郑虔被任命为广文馆博士后，不知道自己该做些什么，就去问宰相李林甫，李林甫忽悠郑虔说："皇上新增国学，设置广文馆来安置贤者，后世提起广文馆来，一定会从郑君你这里开始，难道不是美事吗？"郑虔于是就去上任了。之后一天，天降大雨，把郑虔办公的地方冲垮了，主管部门也懒得重修，干脆在国子馆里找了个地方让郑虔办公，广文馆慢慢地就被废掉了。

像郑虔这种文学侍从的职位，与安邦治国的职掌相去甚远，他也是个好酒之人，与怀才不遇的杜甫正是性情相投。杜甫有一首

《戏简郑广文虔兼呈苏司业源明》说：

　　广文到官舍，系马堂阶下。醉则骑马归，颇遭官长骂。才名四十年，坐客寒无毡。赖有苏司业，时时与酒钱。

　　诗中写郑虔的狂态，到了官舍，把马系在堂阶下边。在上班期间，应该是不允许喝酒的，可郑虔哪管那么多，喝醉之后，骑上马就摇摇晃晃地回家去，由于这个原因，经常挨上司的批评。郑虔的才名为人所知，已有四十年之久，但家中贫穷，客人来了都没有一条毡毯来坐。还好有苏司业，不时地给郑虔一些酒钱，不然，酒都喝不上喽！苏司业就是前面提到的苏源明，当时任国子司业，和郑虔属同僚，和杜甫也是好朋友。杜甫多次与郑虔共饮，他写了一首《醉时歌》赠给郑虔：

　　诸公衮衮登台省，广文先生官独冷。甲第纷纷厌粱肉，广文先生饭不足。先生有道出羲皇，先生有才过屈宋。德尊一代常辚（kǎn）轲，名垂万古知何用。杜陵野客人更嗤（chī），被褐短窄鬓如丝。日籴（dí）太仓五升米，时赴郑老同襟期。得钱即相觅，沽酒不复疑。忘形到尔汝，痛饮真吾师。清夜沉沉动春酌，灯前细雨檐花落。但觉高歌有鬼神，焉知饿死填沟壑。相如逸才亲涤器，子云识字终投阁。先生早赋归去来，石田茅屋荒苍苔。儒术于我何有哉，孔丘盗跖（zhí）俱尘埃。不须闻此意惨怆，生前相遇且衔杯。

这位官闲职小的"冷官"，连饭都吃不饱，却偏偏才华过人。杜甫和他同病相怜，喝醉酒后写下了这首诗。诗中当然有酒醉之人的一些愤激的话，比如"德尊一代常轗轲，名垂万古知何用"。"老杜"一生尊重道德律，这里的话我们只当是醉话。郑虔得了钱，就会去买酒，买了酒就和杜甫同醉一场。他们追想起前贤处在困窘中的事，像司马相如，那么高的文采，和卓文君一起开酒垆时也得自己洗碗；像扬雄，文采英华，最终被迫投阁。因此杜甫在诗的最后说"儒术于我何有哉，孔丘盗跖俱尘埃"，似乎是在说儒术对自己并不重要。同样是醉言醉语，如果这话是李白说的，我们可能会当真，但它是杜甫说的，我们就只当他是在发牢骚。这首诗是写杜甫与郑虔的醉酒，又何尝不是狠狠地发泄了一次他落拓长安的不平之气呢？

安史之乱后，郑虔被贬为台州司户参军，卒于贬所。杜甫晚年在夔州所作的《九日五首·其三》中说："旧与苏司业，兼随郑广文。采花香泛泛，坐客醉纷纷。"这是杜甫对长安往事和郑虔、苏源明等好友的追忆。

在长安时期，杜甫还结交了王维、刘禹锡、岑参、王之涣、崔国辅、崔涂等一批才情横溢的诗人。他们相聚一堂，畅谈诗文、政治局势以及人生百态，互相启迪、共同激励。这些交往不仅拓展了杜甫的朋友圈，还为他提供了丰富的创作素材和情感体验。通过与这些诗人的交往，杜甫在创作中获得了更加深入的社会认知和精神启迪。

古代文人之间的友谊，是文学史上动人的篇章。这些诗人之间有着深厚的感情，他们相互支持，共同创作出了一首首传世之作。在这些诗词作品中，我们可以感受到他们之间的真挚情感和深厚友谊。他们的友谊不仅体现在诗词唱和中，更在于心灵深处的契合与理解。古代诗人之间的友谊，往往不仅是互相欣赏诗歌才华，更是对人生、理想、爱情等方面的共鸣。在今天这个快节奏的社会中，我们也应像古代文人一样珍视友谊，用心去经营和维护，让友谊成为我们生活中最宝贵的财富。

骑驴三十载

"骑驴三十载"，来自杜甫于天宝十一年（752 年）春天所作的《奉赠韦左丞丈二十二韵》："骑驴三十载，旅食京华春。朝扣富儿门，暮随肥马尘。残杯与冷炙，到处潜悲辛。"韦左丞就是韦济，此时韦济由尚书左丞出为冯翊（yì）太守，杜甫正要去东都，于是写此诗与韦济道别。仇（qiú）兆鳌（áo）在《杜诗详注》里认为杜甫两至长安，从开元二十三年参加进士考试，到天宝六年以应诏来京，恰好十三年。作"三十载"，一定是错的。于是仇兆鳌就直接将此句改为"十三载"。但这种改法不是太稳妥。杜甫的《壮游》中有："往昔十四五，出游翰墨场。"到天宝十一年杜甫写此诗时，已经二十六七年，大概言之，也可以说"三十载"，并且诸宋本杜诗都作"三十载"。此处还是不宜轻易改动为好。

骑驴，而不是骑马，证明杜甫处于贫贱之中，而他又要求得出仕的机会，于是我们看到，杜甫骑着一头瘦驴，奔波在长安的大街小巷。早上天没亮就等在富贵豪绅家大门口，巴巴地把自己的诗歌献给人家看；晚上尾随名流卿贵的高头大马扬起的灰尘，就为得到一个机会。每天吃的是别人剩下的残羹，喝的是别人剩下的残酒，看尽了世态炎凉。杜甫在逆境之中不退仍进，实现抱负前必先生存下去，被逼无奈，他开展了种药卖药的副业。这一段时期，杜甫频繁往返于长安和洛阳，为的是寻求入仕机会，而"旅食京华春"的经历让杜甫看清了官场权贵的嘴脸，内心的自我逐渐加强，独立意识的觉醒与超越，反映在了他这一时期的诗歌中。

天宝十年的春天，杜甫参加了在乐游园举行的一次宴会，酒筵之后，他写下了著名的《乐游园歌》：

乐游古园崒（zú）森爽，烟绵碧草萋萋长。公子华筵势最高，秦川对酒平如掌。长生木瓢示真率，更调（tiáo）鞍马狂欢赏。青春波浪芙蓉园，白日雷霆夹城仗。阊阖晴开訣（dié）荡荡，曲江翠幕排银榜。拂水低徊舞袖翻，缘云清切歌声上。却忆年年人醉时，只今未醉已先悲。数茎白发那抛得，百罚深杯亦不辞。圣朝亦知贱士丑，一物自荷皇天慈。此身饮罢无归处，独立苍茫自咏诗。

　　此时杜甫年已四十，蹉跎长安，处在穷困潦倒之中。对于这首诗，清代何焯在《义门读书记》卷五十一中说："芙蓉园、夹城仗，有时而尽，而吾诗可以垂之无穷。然则何以无归为悲哉？结句又以自解也。'独立'二字，不但为会散寂寞言之。"何焯在评论中提出了两点：一是杜甫"何以无归为悲哉"，二是此诗的结尾"不但为会散寂寞言之"。读者看了之后，一定会感到含混不清。既然不以无归为悲，那理由是什么？不但为会散后的寂寞言之，那这首诗传达的意图到底是什么？古代的文学批评，大多数都是点到辄（zhé）止，言有尽而意无穷——它宁愿留下一大片空白让读者去补足、去展开想象。而读者在这样的想象和体悟中，便深刻理解了诗篇中的精神实质。比如说这首杜诗，"此身饮罢无归处"，肯定是不符合实际的，杜甫在长安虽然穷，但总也有个落脚之地，不至于无家可归，虽然他在生活中深深感到依附于他人的痛苦，"残羹与冷炙，处处潜悲辛"，但"此身饮罢无归处"，并不是真实的生活境况。何焯点出了这首诗中有寂寞之感，但又指出它不止于寂寞这个情感层次。那么，其中到底还蕴含着哪些情感？我们可以想象，作为数次向皇帝上书进赋的杜甫，在没有得到任用的消息时，心中该是如何的失望和悲伤。"此身饮罢无归处"，正是自伤身世的不得志之语，体现的是一个不得志士人的落寞之情。可是，当"独立苍茫自咏诗"一句出现后，我们看到的仿佛是另一个杜甫，他的情感从个人的狭小天地里解放了出来，融入一个浩浩汤汤、横无际涯的苍茫之境。苍茫的到底是什么？我们可以理解成月色下酒阑（lán）人散之后的苍茫的乐游原，在关中盆地的平川沃野中默默地伸展着；也可以理解成杜甫当时的心境；还可以理解为夜色苍茫。诗境至此，向我们显现出了"一种力量、一种自信、一种超脱的愉悦"（裴斐《文学原理》），我们感受到的是一位大诗人开阔的心胸和气魄。在这一瞬间，诗人仿佛脱胎换骨，从一个落魄的士子变成了一位深沉地关注世界和个体命运的大诗人，熔铸出了此诗结束处悲凉苍劲的意境。作者的情怀早已超脱出了寂寞。而这，就是诗人想要向我们表达的精神。

杜甫终于将少年的豪情化为了对黑暗现实的认识，并在这个基础上有所超越。他由一个少年转变成了成熟、稳重，而又对人生和世界的真相有着深刻认识的中年诗人，一位将对现实与人民的苦难加以记述和批评的伟大诗人即将诞生。

读故事　学知识

学富五车

指读书多，知识渊博。

出自《庄子·天下》："惠施多方，其书五车，其道舛驳，其言也不中。"意思是惠施学问广博，他的著作能装五车，他讲的道理错谬杂乱，说的话也不恰当。

唐代宗大历二年（767年）杜甫居夔州时，曾作《柏学士茅屋》，其中有"富贵必从勤苦得，男儿须读五车书"。

玉树临风

形容男子风度翩翩，秀美多姿。

出自杜甫的《饮中八仙歌》："宗之潇洒美少年，举觞白眼望青天，皎如玉树临风前。"

宗之，即崔宗之，"饮中八仙"之一。与李白交好，常一起饮酒唱和。他一生最崇拜的人就是"竹林七贤"之一的阮籍，在为人处世方面常效仿之。阮籍对喜爱的人青眼相加，对庸俗的人白眼相看。崔宗之也是这样，酒酣之时，看到不喜欢的人，无论职位高低，都顾左右而观青天。

桀骜不驯

指性情强悍而不驯顺。

出自《汉书·匈奴传》："匈奴人民每来降汉，单于亦辄拘留汉使以相报复，其桀骜尚如斯，安肯以爱子而为质乎。"意思是，匈奴的百姓时常来投将汉朝，单于也常常扣留汉朝的使者作为报复，他们桀骜不驯的性格始终和原来一样，又怎么肯将自己的爱子交给汉朝做人质呢？

野无遗贤

指有德才的人都得到任用，没有遗漏。多用来形容任人唯贤，人尽其才。

出自《尚书·大禹谟》："嘉言罔攸伏，野无遗贤，万邦咸宁。"意思是好的进言不会被搁置，民间没有遗漏的贤才，天下就会太平安定。

祸不单行

指不幸的事接连发生。常与"福无双至"连用。

出自汉代刘向的《说苑·权谋》，战国时期，韩昭侯要建造一座豪华壮美的高门。楚国大夫屈宜咎正在韩国，他对昭侯说："您恐怕没有机会从这个高门走出去。"昭侯问为什么。屈宜咎回答说，因为时机不对。去年秦国攻占了宜阳，今年韩国正在闹旱灾，百姓生活本就很困难了，君主反而建造奢华的高门。"此所谓福不重至，祸必重来者也。"就是说，这是所谓福气不会再次到达，灾祸一定会再次到达的道理。果然，第二年高门才建成，昭侯就去世了，没有机会走过此门。

《义门读书记》

清代著名学者、书法家何焯所著，是一部解说经义、研读史籍、评论诗文的札记。何焯，号义门，书名由此而来。本书初为六卷，成书于何焯卒后，由其子何云龙与门生沈彤等人整理遗稿编成。之后，由蒋维钧广为搜访，将何焯对其他古籍的评点、校订整理成辑，扩至五十八卷，于乾隆三十四年（1769 年）刊行，是为足本。全书大致分三部分，前十二卷主要校勘《论语》等经传，中间十七卷评阅《史记》等史书，后二十九卷主要考释《昌黎集》等诗文集，书中所引内容即出自其中的《杜工部集》。

社会批评家的诞生

关注现实与人生苦难的开始

我们在谈及杜甫的时候，脑海中总会浮现出一个时刻为社会和百姓担忧不已的老者形象。但事实上，如前所述，杜甫曾经也是一位意气风发的少年郎，他自称"七龄思即壮，开口咏凤凰"，他立志"会当凌绝顶，一览众山小"。然而少年的棱角终究会被现实磨平。天宝年间，在政治上，唐玄宗开始变得昏聩，终日沉迷享乐。奸相当权，谎称"野无遗贤"，只手遮天，搅动朝堂风云。军事上，上至皇帝，下至边将，好大喜功，穷兵黩（dú）武，纷纷挑动战争。在开元末年和天宝初年时还能各有胜负，但到天宝十年却败绩频传——鲜于仲通征南诏失败，高仙芝击大食失败，安禄山讨契丹失败，颓势尽显。经济上，昏庸的统治和连绵的战事使百姓身陷纳税与服役的巨大痛苦之中，并形成了恶性循环。杜甫就是在亲历这些残酷现实后逐渐改变的。他的眼光不再局限于个人遭遇和自然美景之上，而是更多地关注无辜受难的百姓。

长安渭水上的咸阳桥连接着通往西边的大道，统治者用暴力征来的士兵前往战场时都要从这里经过。天宝十年，杜甫就曾经亲眼看到过士兵们出发时的情景。他们的父母妻子拦道牵衣，哭声震天。杜甫与其中一个士兵攀谈，那士兵告诉杜甫，他十五岁就到北方防守黄河要塞，满头白发才回来，此时又要准备出兵作战。这就意味着家里的荒田没有人耕种，但县官又来催租，实在毫无办法。杜甫身处送别队伍之中，又听见这心酸的诉说，心中不禁五味杂陈，而这还只是千万个妻离子散家庭的缩影。青海的累累白骨太过悲惨，震慑着诗人的心灵；阴雨中的重重鬼哭太过凄楚，触动着诗人的神经。于是杜甫挥笔写出了他第一首真正替百姓说话的诗——《兵车行》。这是杜甫诗歌创作史上具有转折性意义的一首，不仅可以看作是杜甫第一首"新乐府"，同时也标志着杜甫正式关注社会现实与苦难人生的"诗史"创作的开始。诗曰：

车辚（lín）辚，马萧萧，行人弓箭各在腰。耶娘妻子走相送，尘埃不见咸阳桥。牵衣顿足拦道哭，哭声直上干云霄。道旁过者问行人，行人但云点行频。或从十五北防河，便至四十西营田。去时里正与裹头，归来头白还戍（shù）边。边庭流血成海水，武皇开边意未已。君不闻汉家山东二百州，千村万落生荆杞。纵有健妇把锄犁，禾生陇亩无东西。况复秦兵耐苦战，被驱不异犬与鸡。长者虽有问，役夫敢申恨？且如今年冬，未休关西卒。县官急索租，租税从何出？信知生男恶，反是生女好。生女犹得嫁比邻，生男埋没随百草。君不见，青海头，古来白骨无人收。新鬼烦冤旧鬼哭，天阴雨湿声啾啾。

有人认为这首诗的创作背景是大唐与吐蕃之战，有人认为是大唐与南诏之战。无论创作背景如何，都反映了百姓对战争的深恶痛绝，揭露了战争给人民造成的巨大灾难。然而百姓的哭喊之声和控诉之声传到了天庭，传到了后世，却独独传不到唐玄宗的耳中。

在写下《兵车行》之后，杜甫又相继写下了《前出塞九首》。这组诗描写了一个士兵从军边疆的艰难历程和复杂感情。这组诗全部采用第一人称，诗中的感情也更加炽热浓烈。前四首重点写出征之路，后五首主要描写军中的生活。尤其是第六首：

挽弓当挽强，用箭当用长。射人先射马，擒贼先擒王。杀人亦有限，列国自有疆。苟能制侵陵，岂在多杀伤。

这首诗起头讲述了一般性的军事原则：以己方的强弓长箭，集中力量打击敌人；攻敌要攻其首脑和要害。这不但是战场上所采用的战术，也是尽早结束战争的手段。为什么要快点儿结束战争呢？因为国家的主要战略目的，是制止敌人的侵略，并不是要去多杀伤人命。杜甫在这首诗中，借助诗句进行了冷静的思考，并以其人道主义的立场，提出战争的原则是制止侵略，而不是多杀伤人命。

杜甫的伟大之处在于，他从来没有采取旁观的态度。他在关注社会现实与人生苦难之时是真正将自己带入情景的，真正将人民的血与泪、悲与苦化为诗句，因此才显得情真意切、字字锥心。杜甫的伟大之处还在于，身处封建时代且始终怀抱忠君爱国思想的他，意识到了这些苦难是由统治者的错误带来的。他以"边庭流血成海水，武皇开边意未已"进行尖锐的批评；他以"君已富土境，开边一何多"(《前出塞九首·其一》)进行辛辣的讽刺。这对于杜甫来说，也是诗歌创作上的巨大突破和进步。

慈恩寺登高之会

高适、岑参是以"高岑"并称的著名边塞诗人，岑参的"忽如一夜春风来，千树万树梨花开"(《白雪歌送武判官归京》)和高适的"莫愁前路无知己，天下谁人不识君"(《别董大二首》)在后世广为流传。

高适在河西节度使哥舒翰的幕府里任书记，天宝十一年的下半年随哥舒翰到了长安。岑参自天宝八年(749年)在安西四镇节度使高仙芝的幕府任书记，天宝十年的秋天随高仙芝来到了长安。也就是说天宝十一年的下半年，几位诗人不约而同相聚在了长安。在一个秋高气爽的日子，杜甫与高适、岑参、储光羲、薛据登临慈恩寺。慈恩寺是唐高宗李治当太子时为他的母亲文德皇后所创建的，故名"慈恩"。慈恩寺于贞观二十二年(648年)建成，在长安东南区晋昌坊，也就是今天的陕西省西安市东南。寺塔就是今日依旧游人如织的大雁塔，为永徽三年(652年)玄奘所立。古代文学史上，前有兰亭之会，后有慈恩登临，都被后世传为佳话。登高望远之时，几位诗人自然诗兴大发，除了薛据的诗歌已经亡佚以外，其他四位诗人的诗歌都有留存。兹录杜甫所作的《同诸公登慈恩寺塔》如下：

高标跨苍穹（qióng），烈风无时休。自非旷士怀，登兹翻百忧。方知象教力，足可追冥搜。仰穿龙蛇窟，始出枝撑幽。七星在北户，河汉声西流。羲和鞭白日，少昊（hào）行清秋。秦山忽破碎，泾渭不可求。俯视但一气，焉能辨皇州。回首叫虞舜，苍梧云正愁。惜哉瑶池饮，日晏昆仑丘。黄鹄（hú）去不息，哀鸣何所投。君看随阳雁，各有稻粱谋。

虽是同题之作，但其余登塔之人的诗作多有与世隔膜之感。岑、储二人对危机四伏的社会现实表示不满，但缺少承担的勇气，最终流露出皈（guī）依佛门、逃避现实之意；高适的诗作则多着眼于个人前途，他在诗中表现出怀才不遇的愤懑；唯有已将更多关注放到天下苍生身上的杜甫，在诗中表达出对时代的担忧。这首登塔诗一上来就化用王粲的《登楼赋》："登兹楼以四望兮，聊暇日以销忧。"王粲是"建安七子"之一。东汉末年，天下大乱，王粲依附刘表，不受重用。他登上当阳城楼作《登楼赋》，抒发滞留他乡、怀才不遇之情，同时也表达了期望天下稳定统一的愿望。登高远眺，杜甫也有许多感慨。他多么希望玄宗能够成为一位好君主，将唐太宗的事业延续下去，然而事实上玄宗却像周穆王和西王母在瑶池饮宴一样，沉迷于享乐之中。那象征着贤人的黄鹄已然悲鸣离去，而那些只想保全自身而随波逐流的大雁，却还在思考如何趋炎附势、谋取利禄。

开元末年的长安就流传着即将天下大乱的谣言。虽是谣言，但

当时因李林甫专权、边疆战争频繁，不安的气息和不祥的阴云一直笼罩在人们心头，所以即使是出行游玩，杜甫的悲悯之心也始终高悬。当杜甫面对建于贞观年间的慈恩寺时，难免缅怀起唐朝的全盛时代。此时的长安表面上还是一派祥和，然而忧国忧民的杜甫却更能体察到那些暗流涌动的政治漩涡，感受到逐渐凋敝的社会现实。这是诗人特有的敏感，也体现了他忧国忧民的责任感。

长安水边多丽人

即使民生逐渐凋敝，处处危机四伏，唐玄宗和杨氏兄妹的奢靡生活却从未改变，而且变本加厉。杨贵妃的三个姐姐于天宝初年分别被封为韩国夫人、虢（guó）国夫人和秦国夫人。天宝十一年，在李林甫死后，杨贵妃的从兄杨国忠拜相，任右相、文部尚书。权势熏天、荒淫无度的杨家真可谓鲜花着锦、烈火烹（pēng）油。春天，玄宗会带着贵妃和杨氏姐妹从兴庆宫穿过夹城，出游曲江芙蓉苑；冬季，又到骊（lí）山华清宫去避寒。杨氏家族出游时的仪仗是那么耀眼，刺闪着千千万万劳苦大众的双眼；进食时的珍馐（xiū）是那么丰盛，凝结着万万千千黎民百姓的血泪。有时桌上的一盘吃食便可抵过中等人家十户的产业，更不用说他们还有各种各样铺张奢华的娱乐活动。天宝十二年（753 年）春天，杜甫所作的《丽人行》就通过描写杨氏兄妹三月三日曲江春游的情景，揭露了统治者荒淫腐朽的丑态，也反映了安史之乱前夕的社会图景。诗曰：

　　三月三日天气新，长安水边多丽人。态浓意远淑且真，肌理细腻骨肉匀。绣罗衣裳照暮春，蹙（cù）金孔雀银麒麟。头上何所有？翠微䔩（è）叶垂鬓唇。背后何所见？珠压腰衱（jié）稳称身。就中云幕椒房亲，赐名大国虢与秦。紫驼之峰出翠釜（fǔ），水精之盘行素鳞。犀（xī）箸厌饫（yù）久未下，鸾刀缕切空纷纶。黄门飞鞚不动尘，御厨络绎送八珍。箫鼓哀吟感鬼神，宾从杂遝（tà）实要津。后来鞍马何逡（qūn）巡，当轩下马入锦茵。杨花雪落覆白蘋，青鸟飞去衔红巾。炙手可热势绝伦，慎莫近前丞相嗔（chēn）。

　　乍看此诗，我们也许会以为这只是一首描写丽人体态之美、服饰之美及珍贵美食和器物的诗歌，然而当我们了解过此诗的创作背景之后，就会知道杜甫真正的用意。杜甫巧借贵妃等人曲江游春这一特定事件，欲抑先扬。他先用尽世间所有美好的词汇，极力描绘长安丽人天真自然的体态和华美雍容的服饰，以及各种精致稀有的吃食，紧接着笔锋一转，开始着力描写杨氏姊妹的铺张浪费和权贵行径。这些丽人不过是"金玉其外，败絮其中"。然而杜甫的进步性在于，他并没有将批评的矛头对准所谓的"红颜祸水"，而是笔锋又一转，直指丞相杨国忠一人。北魏胡太后曾威逼杨白花私通，杨白花害怕祸患，投降梁朝并改名杨华。胡太后作《杨白花歌》表示对他的思念，其中有"秋去春还双燕子，愿衔杨花入窠里"之句。而青鸟也是神话传说中西王母的使者，常常被用来传递情人间的消息。杜甫在诗歌的最后，用比兴的手法和隐晦的典故揭露了右相杨国忠与妹妹虢国夫人私通的丑行。全诗通篇看似大唱赞歌，语含敬畏，但实际句句是贬，杜甫也可算是"皮里阳秋"的大师了。

《兵车行》和《丽人行》等诗歌的出现，是杜甫创作道路上的一个里程碑，也是唐诗发展过程中的一个里程碑。在长安十年的后期，杜甫的创作出现了值得注意的变化，他开始集中而又系统地关注现实及人生苦难，并且把自己个人的不幸遭遇与广大人民的痛苦生活及国家的危机灾难在诗歌中有机地结合起来。杜诗不只局限于对民生疾苦的客观描述，也没有丝毫居高临下的怜悯，而是真正的感同身受，因此有了穿透历史、直抵人心的能量。

朱门酒肉臭，路有冻死骨！

连年的征战和昏庸的统治已经使百姓们叫苦不迭（dié），雪上加霜的是，天宝十二年秋天，长安又遭了水灾。许多农田被淹没，许多屋舍被损毁，关中地区闹起了大饥荒。然而杨国忠竟然拿出禾苗中长得好的献给玄宗，告诉玄宗虽然现在雨下得又勤又大，但是庄稼都没有被损害。更为可笑而又可悲的是，年老昏聩的唐玄宗竟然信以为真了。更加离谱的是，扶风太守房琯（guǎn）报称他所管辖的区域有水灾，杨国忠竟然派御史去审查他。于是再也没有敢说有关水灾之事的人了。天灾人祸共同发难，广大人民自然是生活在水深火热之中，杜甫也同样陷于极度的困苦里，他在《秋述》中描述自己的身体状况和生活环境："卧病长安旅次，多雨生鱼，青苔及榻。"杜甫不仅写下自己所遭遇的不幸，还始终为广大人民的遭遇而大声疾呼。在《九日寄岑参》中，他写道："吁嗟（jiē）乎苍生，稼穑（sè）不可救。安得诛云师，畴（chóu）能补天漏？"《秋雨叹三首》也集中描述了这段时期杜甫的所见所想：

其一

雨中百草秋烂死，阶下决明颜色鲜。著叶满枝翠羽盖，开花无数黄金钱。凉风萧萧吹汝急，恐汝后时难独立。堂上书生空白头，临风三嗅馨香泣。

其二

阑风长雨秋纷纷，四海八荒同一云。去马来牛不复辨，浊泾清渭何当分？禾头生耳黍穗黑，农夫田妇无消息。城中斗米换衾（qīn）裯（chóu），相许宁论两相值？

其三

长安布衣谁比数？反锁衡门守环堵。老夫不出长蓬蒿（hāo），稚子无忧走风雨。雨声飕（sōu）飕催早寒，胡雁翅湿高飞难。秋来未曾见白日，泥污后土何时干？

农民们辛苦耕耘，却因持续暴雨而颗粒无收，只好拿着被子换取价值并不相等的粮食。然而如果他们连被子都没有，又将怎样度过即将到来的严冬呢？此时的百姓虽不至于易子而食，但也面临着饥寒交迫的残酷现实，与广大人民同呼吸共命运的杜甫这次当真有了切身体会。而不识愁滋味的童子，还在风雨中跑来跑去。诗人却听雨生愁，自伤身世，叹息着什么时候可以见到太阳，什么时候泥土可以干燥。

又过了一段时日，朝廷终于采取了措施，从太仓里拨出十万石米，减价出售给百姓，每人每天领米五升，这一政策一直延续到第二年的春天。杜甫也每天从太仓里领米维持生活，不过他学会了苦中作乐，只要得到一点儿钱就去找好友郑虔共饮，借酒消愁。

天宝十年之后，杜甫的诗作里渐渐提到曲江，提到杜陵，他的踪迹也大多出现在城南一带。漂泊无定的杜甫终于在曲江南边、少陵北部的下杜城东、杜陵西边一带有了固定的居所，并且此后也开始自称"少陵野老"、"杜陵野客"或"杜陵布衣"。而杜甫的家人原来住在洛阳首阳山脚下的陆浑庄，大概在天宝十三年的春天，杜甫自洛阳携眷移家至长安。但是由于水灾和缺少食物等原因，杜甫的家人并没有在长安住多久，就又移居到了奉先（今陕西蒲城），并寄寓在县署公舍里。

世道艰难，自身和家人都处境困顿，但杜甫一直为实现自己的政治理想而努力着。天宝十二年，鲜于仲通被召回京城，由于鲜于仲通曾经帮助过杨国忠，所以即使大败而归，依旧可以安稳地坐上京兆尹的位子。杜甫曾写下《奉赠鲜于京兆二十韵》，希望通过鲜于仲通获得举荐，但一无所获。天宝十三年，杜甫再次献赋，题为《封西岳赋》，建议皇帝再行典仪，祀封太华山。在这篇赋文中，杜甫也有对杨国忠的奉承之意。显然，这些行为与杜甫的真实性情是不相符的，而且从《兵车行》《丽人行》等作品中可以看出，杜甫十分清楚鲜于仲通、杨国忠等人的真实嘴脸，但为了他的理想，更是为了他和家人的温饱，杜甫不得不选择屈从，这也是成年人的无奈。杜甫希望通过献纳使田澄将这篇《封西岳赋》呈送到皇帝面前，为此，他还写了首《赠献纳使起居田舍人》。

天宝十四年（755年）初春，他又写诗给宰相韦见素，希望得其援助。暮春时节，杜甫又为去世已久的淑妃，即驸马郑潜曜的岳母写了篇碑文。郑潜曜应该是郑虔的同族堂兄之子，此次撰写碑文，有可能是郑虔推荐的。这年初夏，独居长安的杜甫去往白水（今陕西白水）探望舅舅崔顼（xū），九月又与舅舅一同前往奉先探视家人。十月，杜甫返回长安，写了两篇赋，分别为《雕赋》和《进雕赋表》，在《进雕赋表》中，有"至于沉郁顿挫、随时敏捷，而扬雄、枚皋之流，庶可跂及也"这样一句，后来"沉郁顿挫"这个词也被提取出来，用以概括杜诗的特点。对于"沉郁顿挫"的解释有很多，一般认为"沉郁"主要指诗歌内容深广、感情深沉；"顿挫"则多指诗歌意思上的转折这一写作技巧，反复出现的小转折，可以使诗歌在有限篇幅内尽可能多地表情达意。

不知具体是哪一个环节起了作用，这一年杜甫终于被授予河西县尉。但是当时的县尉就是一个媚上欺下、压榨人民的职位。高适在封丘任县令时，就曾写《封丘作》表达过自己的无奈。这种生活显然也是杜甫无法忍受的。虽然杜甫与家人的生活十分困苦，虽然这是他四十四年人生中得到的第一个官职，但杜甫还是固辞不受。他在《官定后戏赠》一诗中写道："不作河西尉，凄凉为折腰。老夫怕趋走，率府且逍遥。"如果做县尉就意味着必须向乡里小儿折腰，那这"福气"，杜甫宁愿不要。

后来杜甫改任右卫率府胄（zhòu）曹参军，这个官职的任务是看守兵甲，管理门禁钥匙，职位是正八品下。好在这个职位不必违背内心的操守，于是杜甫决定接受它。紧接着杜甫到奉先县去探望他的妻子和儿女。他是在十一月里的一天夜半从长安出发的，当时寒风呼啸，天灾人祸所带来的苦难处处可见。杜甫将他这一路的经历与个人感想都写进了《自京赴奉先县咏怀五百字》，诗曰：

杜陵有布衣，老大意转拙。许身一何愚，窃比稷与契。居然成濩（huò）落，白首甘契阔。盖棺事则已，此志常觊（jì）豁。穷年忧黎元，叹息肠内热。取笑同学翁，浩歌弥激烈。非无江海志，萧洒送日月。生逢尧舜君，不忍便永诀。当今廊庙具，构厦岂云缺。葵藿倾太阳，物性固莫夺。顾唯蝼蚁辈，但自求其穴。胡为慕大鲸，辄拟偃溟渤。以兹误生理，独耻事干谒。兀兀遂至今，忍为尘埃没。终愧巢与由，未能易其节。沉饮聊自遣，放歌破愁绝。岁暮百草零，疾风高冈裂。天衢（qú）阴峥嵘，客子中夜发。霜严衣带断，指直不得结。凌晨过骊山，御榻在嶭（dì）嵲（niè）。蚩（chī）尤塞寒空，蹴（cù）踏崖谷滑。瑶池气郁律，羽林相摩戛（jiá）。君臣留欢娱，乐动殷樛（jiū）嶱（kě）。赐浴皆长缨，与宴非短褐。彤庭所分帛，本自寒女出。鞭挞（tà）其夫家，聚敛贡城阙。圣人筐篚（fěi）恩，实欲邦国活。臣如忽至理，君岂弃此物。多士盈朝廷，仁者宜战栗。况闻内金盘，尽在卫霍室。中堂舞神仙，烟雾散玉质。煖（nuǎn）客貂鼠裘，悲管逐清瑟。劝客驼蹄羹，霜橙压香橘。朱门酒肉臭，路有冻死骨。荣枯咫（zhǐ）尺异，惆怅难再述。北辕就泾渭，官渡又改辙。群冰从西下，极目高崒兀。疑是崆（kōng）峒（tóng）来，恐触天柱折。河梁幸未坼（chè），枝撑声窸（xī）窣（sū）。行旅相攀援，川广不可越。老妻寄异县，十口隔风雪。谁能久不顾，庶往共饥渴。入门闻号啕，幼子饥已卒。吾宁舍一哀，里巷亦呜咽。所愧为人父，无食致夭折。岂知秋禾登，贫窭（jù）有仓卒。生常免租税，名不隶征伐。抚迹犹酸辛，平人固骚屑。默思失业徒，因念远戍卒。忧端齐终南，澒（hòng）洞不可掇。

　　在这一路上，杜甫把自己这些年的生活重新审视和检讨了一遍。他本可以潇洒地寄身江河、寄情山水，但他放心不下国家和百姓。他觉得自己好像向着太阳的葵藿，本性是不能改变的。他心中的太阳是堪比尧、舜的皇帝。曾经杜甫以贤臣稷、契自比，言犹在耳，如今头发花白、身体衰弱的他却只能看管兵器，这使他十分难过。而当杜甫走过骊山下时，他的信仰更是渐渐崩塌。此时天已破晓，而杜甫所仰慕的"太阳"正在山上的华清宫里寻欢作乐，把从百姓身上搜刮来的民脂民膏任意赏赐、肆意糟践。杨贵妃与杨氏姊妹等贵族们那丰盛精美的宴饮，又使他想起路上那些由于缺衣少食而化为白骨的百姓们。强烈的对比和情感冲击，使千古名句脱口而出："朱门酒肉臭，路有冻死骨。"没有对比就没有伤害，这巨大的贫富差距不仅是百姓们的悲哀，更是一个时代的悲哀。而后杜甫转北渡过渭水，到了奉先，当他踏入家门时，一个更加悲惨的消息如当头棒喝。原来他未满周岁的幼儿刚刚饿死，杜甫顿时觉得自己不配成为一个父亲！然而我们伟大的诗人在小儿不幸夭折之时想到，自己享有不纳租税、不服兵役的特权，尚且如此悲惨，那么，其他百姓又会经历怎样的痛苦呢！

《自京赴奉先县咏怀五百字》是一篇划时代的杰作，很好地体现了前述"沉郁顿挫"的特质，诗中的情感并不是直贯而下，而是有许多层次的变化。杜甫时而想归隐，时而感叹自己一事无成，时而自责，时而又觉得可以实现理想。胸中各种情感不断激荡盘旋，更能反映出杜甫内心的矛盾取舍和他的伟大人格。除了对个人的纠结思考以外，诗中也反映出安史之乱前夕"山雨欲来风满楼"的现实状况。这时，杜甫已经四十多岁了，而且身体状况很差。多病之中，他的神经也变得更加脆弱和敏感，先一步感知到了大唐的渐行渐衰、江河日下。

读 故 事　学 知 识

穷兵黩武

指用尽全部武力，不断发动战争。形容极其好战。

出自《三国志·吴书·陆抗传》，吴国大将陆抗，镇守边境，平叛治乱，官拜大司马、荆州牧，却谦逊如常，深得将士爱戴。他常常直言进谏，劝施仁治。当时吴国征战频繁，百姓疲惫困顿，陆抗上疏说，现在的吴国应该致力于休养生息，富国强兵，发展农业，整饬吏治，然后等待时机席卷天下。"而听诸将徇名，穷兵黩武，动费万计，士卒雕瘁，寇不为衰，见我已大病矣。"意思是说，若是听任诸位将领舍身求名，穷兵黩武，动辄耗费数以万计的钱财，使士卒病困憔悴，敌军却没有衰败，而我们已经困乏不堪了。

金玉其外，败絮其中。

指外面像金像玉，里面却是破棉絮。比喻外表华美而内质破败。

出自明代刘基的《卖柑者言》："观其坐高堂，骑大马，醉醇醴而饫肥鲜者，孰不巍巍乎可畏，赫赫乎可象也？又何往而不金玉其外，败絮其中也哉？"意思是看那些端坐高堂之上，骑着高头大马，醉饮美酒，吃着美味佳肴的人，哪一个不是威风凛凛令人望而生畏，显赫过人值得众人效仿？可是无论走到哪儿，又有哪一个不是外表如金似玉、内心却像破败的棉絮呢？

皮里阳秋

　　指嘴上不作论断，但心中有褒贬。皮里：指内心。阳秋：即《春秋》，晋简文帝母亲名春，因避其讳而改为"阳秋"。

　　出自《晋书·褚裒（póu）传》："裒少有简贵之风，与京兆杜乂俱有盛名，冠于中兴。谯国桓彝见而目之曰：'季野有皮里春秋。'言其外无臧否，而内有所褒贬也。"意思是，褚裒年少时就有简傲高贵的风范，与京兆人杜乂都很有名气，在东晋中兴时期冠绝一时。谯国人桓彝见了褚裒，说道："季野有皮里春（阳）秋。"就是说他嘴上不对人品评，但心里对人是有褒贬的。

六

安史乱起

大乱初起陷围城

就在杜甫探亲期间，安史之乱爆发了。镇守北方的将领安禄山连同属下唐兵及同罗、契丹、奚、室韦等族十五万兵力，假称奉唐玄宗密旨讨杨国忠，在范阳（今北京附近）起兵叛唐。从玄宗天宝十四年十一月到代宗广德元年（763年）正月史思明的长子史朝义吊死在温泉栅（今属河北）林中，安史之乱整整持续了七年零三个月。安史之乱爆发后，各地生灵涂炭、饱受摧残，唐朝也由盛转衰，再难现当年盛世。

安禄山本名轧荦（luò）山，他儿时丧父，随母亲在突厥族里生活。长大成人后，通晓六国语言，为人凶狠毒辣。开元二十年（732年），安禄山至幽州节度使张守珪（guī）麾下，张守珪后来收他为义子。开元二十四年，安禄山在做平卢讨击使时，由于战败被张守珪缚送京师问罪。时任宰相的张九龄以严明军纪为由判安禄山死刑，并称安禄山有叛逆之相，然而唐玄宗赦免了他，从此养虎为患。开元二十八年（740年），安禄山任平卢兵马使。奸相李林甫在玄宗面前对安禄山赞赏有加。天宝元年，唐玄宗在平卢设置节度，遂任安禄山为节度使，代理御史中丞。此后安禄山便可以入朝上奏议事，后来还当了杨贵妃的养子，一时之间，极受宠信。等到了天宝十年兼任河东节度使时，安禄山已经成为全国兵力最多的节度使。

杨国忠本性跋扈，恃宠而骄的他在朝堂之上更是颐指气使，安禄山的突然崛起，使其专权独宠的地位受到了威胁。杨国忠也很早便向玄宗报告安禄山有不臣之心，但玄宗却置之不理。除了切身利益受到危害的杨国忠以外，杜甫也是较早意识到安禄山狼子野心的人。天宝十四年的冬天，他曾写下《后出塞五首》，这组诗描写的是一位士兵从应募赴军到只身脱逃的经历。杜甫借士兵之口揭露安禄山的叛乱真相，指出安禄山反叛的根本原因在于唐玄宗自己好大喜功，宠信边将，放松警惕而后姑息养奸。

唐代一直坚持"外重内轻"的军事政策，大部分兵力都集中在节度使手里，内地州县十分空虚，而且中原地区一直都很太平，居安未能思危，府库中的兵器都已经腐朽。因此，在安史之乱初期，叛军势如破竹，自河北一路南下，很快便攻下汴州（今河南开封），而且只用了三十四天就攻下东都洛阳。好在郭子仪和李光弼在河北挡住了史思明的后援兵力。至德元年（756年）二月，杜甫与留在奉先的一家老小话别后，便踏上了返回长安的路途。五月，叛军就已经逼近了潼关（今陕西渭南潼关北）。要知道，潼关可是关中的东大门，是长安的门户，地理位置十分重要。若是潼关失守，长安城危矣。于是杜甫连忙赶往奉先接上妻儿，扶老携幼，前往白水投靠舅舅崔顼。

此时驻守潼关的是封常清、高仙芝，两位将军采取了只守不攻的有效策略，暂时看来，形势是有利于唐军的。但唐玄宗却听信谗言，责怪封、李二人畏懦不战，派人下令将他们处死，把一手还不错的牌打得稀烂。此前已告老还乡的哥舒翰接手了守卫潼关的职责，他依旧继续执行封、李两人的策略。但年老昏聩的玄宗再出昏招，不断发出命令要求哥舒翰主动出击，哥舒翰只好挥泪出关，结果自然是被叛军打得落花流水，不出三天，唐军主力尽失。六月九日，潼关便失守了，接着便是长安失守，玄宗仓皇逃往四川。车驾行至马嵬（wéi）坡（今陕西兴平西），众将士哗（huá）变，杀了杨国忠，又迫杨玉环自缢，这就是著名的"马嵬坡之变"。而此时白水告急，杜甫又连忙带着家人随着大批难民向北逃难。这一路上他们窘况百出，九死一生。路上难民众多，杜甫与家人被人群冲散，他的坐骑也被抢走。由于身体过度透支，精神过度紧张，杜甫走着走着就陷进蓬蒿丛里出不来也动不了。这时和杜甫一同逃亡的表侄王砅（lì）已经骑马走出十多里路，忽然找不见杜甫，于是一边呼喊一边返回去寻找，在极危急的时刻，他把杜甫救了上来，还将自己的马借给杜甫。然后，王砅右手持刀，左手牵缰，一路保护着杜甫脱离了险境。如果不是他及时施以援手，说不定我们就看不到杜甫后来那些优秀的诗篇了。

紧接着杜甫一行人又遭遇了连绵不断的雷雨天气，道路泥泞，众人都没有雨具，狼狈凄惨之相难以言说。好在人间有真情，当他们走到鄜（fū）州（今陕西富县）附近的周家洼时，杜甫的好朋友孙宰热情地招待了他们。孙宰亲自烧水给他们祛寒，同时准备了热乎乎的食物让杜甫一家人饱餐一顿。受到惊吓的杜甫感受到了久违的温暖，他作《彭衙（yá）行》一诗记之，诗曰：

忆昔避贼初，北走经险艰。夜深彭衙道，月照白水山。尽室久徒步，逢人多厚颜。参（cēn）差（cī）谷鸟吟，不见游子还。痴女饥咬我，啼畏虎狼闻。怀中掩其口，反侧声愈嗔。小儿强解事，故索苦李餐。一旬半雷雨，泥泞相牵攀。既无御雨备，径滑衣又寒。有时经契阔，竟日数里间。野果充糇（hóu）粮，卑枝成屋椽（chuán）。早行石上水，暮宿天边烟。少留周家洼，欲出芦子关。故人有孙宰，高义薄曾云。延客已曛（xūn）黑，张灯启重门。暖汤濯（zhuó）我足，翦（jiǎn）纸招我魂。从此出妻孥（nú），相视涕阑干。众雏烂熳（màn）睡，唤起沾盘飧（sūn）。誓将与夫子，永结为弟昆。遂空所坐堂，安居奉我欢。谁肯艰难际，豁达露心肝。别来岁月周，胡羯（jié）仍构患。何当有翅翎，飞去堕尔前。

此后，杜甫暂时把家安置在了鄜州城北的羌（qiāng）村。

马嵬坡之变后，太子李亨带领人马北巡，于至德元年七月九日抵达灵武（今宁夏灵武），并于七月十二日自行登基于灵武，遥奉玄宗为太上皇，受不满三十人的文武官员朝贺，改元至德，是为肃宗。听闻此事的杜甫，犹如溺水之人抓到了一根救命稻草，立即把复兴的希望寄托在肃宗身上。等到八月洪水暂消，杜甫便只身北上延州（今陕西延安），想从芦子关（今陕西横山附近）投奔灵武。可是，此时叛军势力已发展到鄜州以北，还没见到天子，杜甫便被抓住并押往已经沦陷的长安。杜甫的官职一直十分低微，但塞翁失马，焉知非福。幸亏他无足轻重，叛军并没有把他与其他被俘官员一起送往安禄山伪朝廷所在的洛阳，也没有对他进行严格的看管。

这一年，杜甫才四十五岁，却已经饱受苦难的摧残，满头白发的他看起来就像一位年迈老人。而此时的长安也饱受蹂（róu）躏（lìn），无论是曾经高高在上的王公贵族，还是安分守己的平民百姓，都在叛军的铁蹄下痛苦呻吟。战争带来的苦难仿佛一座大山压在每个人的身上和心头。不过两三个月，曾经雄伟壮丽的京城完全失去了它往日的辉煌。昔日巍峨的宫殿府邸，有的被一把火烧得干净，有的被叛军鸠（jiū）占鹊巢。安禄山起兵后，玄宗便下令处死了正在长安的安庆宗（安禄山的儿子）。为了给儿子报仇，生性残暴的安禄山一进长安，便把城中的宗室嫔妃，以及跟随玄宗入蜀的官员的家属一批一批地杀掉。杜甫到长安时，还能看到一些幸存下来的王孙贵人，他曾作《哀王孙》诗记录下当时的场景：

长安城头头白乌，夜飞延秋门上呼。又向人家啄大屋，屋底达官走避胡。金鞭断折九马死，骨肉不得同驰驱。腰下宝玦（jué）青珊瑚，可怜王孙泣路隅。问之不肯道姓名，但道困苦乞为奴。已经百日窜荆棘，身上无有完肌肤。高帝子孙尽隆准，龙种自与常人殊。豺狼在邑龙在野，王孙善保千金躯。不敢长语临交衢，且为王孙立斯须。昨夜东风吹血腥，东来橐（tuó）驼满旧都。朔方健儿好身手，昔何勇锐今何愚。窃闻太子已传位，圣德北服南单于。花门剺（lí）面请雪耻，慎勿出口他人狙（jū）。哀哉王孙慎勿疏，五陵佳气无时无。

这首诗的主角是长安城内曾经的王公贵族子孙。一般来说，在批判现实的诗人笔下，这样的人都是被抨击或嘲讽的对象，然而战乱中的众人却仿佛荒谬得"一视同仁"。此诗情感复杂，既有"龙种自与常人殊"的忠君思想，又有对被遗弃在长安的王孙等人悲惨遭遇的无限同情。昔日王公贵族的子孙，此时躲在荆棘之中，体无完肤，无家可归了。曾经天真的孩子，在战乱中被迫长大，好像警惕的幼兽，不敢说出姓名，生怕被胡兵知道抓去做俘虏。这些往日养尊处优的孩子也失去了尊严，他们说只要能够活命，可以心甘情愿做别人的奴仆。然而即使身处无边绝望与围困之中，诗人还是安慰这些孩子们，让他们"善保千金躯"，相信唐兵一定会打回来的。长安城里的王气依然存在，国家不会灭亡，繁华会再来！可见此时此刻杜甫虽然身处乱局，却仍然充满了恻隐之心和必胜信心，身陷围城的他仍然通过不同的渠道来了解时局，做出自己的努力。

思念与悲怆

在忧国忧民的同时，杜甫也十分挂念与自己分隔两地的家人。诗人在秋夜望着明月，想到远在鄜州的妻子正独自在闺房中望月，没有人可以安慰她，而年幼的儿女还不懂得想念长安，不禁感慨万千，于是写下著名的《月夜》一诗：

今夜鄜州月，闺中只独看。遥怜小儿女，未解忆长安。香雾云鬟湿，清辉玉臂寒。何时倚虚幌（huǎng），双照泪痕干。

这里的"何时倚虚幌，双照泪痕干"与李商隐的名句"何当共剪西窗烛，却话巴山夜雨时"有异曲同工之妙。诗人遥想未来的景象，虚实相生、情真意切，却因不知何时才能真正相见而显得更加凄楚迷茫。无边的思念和对家人安危的担心几乎将杜甫吞噬（shì），好在他终于收到了一个好消息。杜甫的弟弟杜颖在逃亡到平阴（今山东平阴）后给杜甫寄来了信。得知弟弟尚在人世，杜甫自然十分开心，但因战乱等因素，却不知此生还能不能与弟弟相见，于是写下了《得舍弟消息二首》抒发离乱悲苦之情。其诗中说到战乱的危险，忧虑家人的安全，有"不知临老日，招得几人魂"以及"两京三十口，虽在命如丝"的忧惧。人在乱世，不如鸡犬，这种朝不保夕的感受，杜甫深深地体会到了。

杜甫虽然身陷长安，但仍密切关注着战局。这时叛将史思明、蔡希德、高秀岩等人正合兵急攻太原，即将威胁唐肃宗驻地灵武一带的安全，杜甫听闻后焦急万分，于是作《塞芦子》一诗：

五城何迢（tiáo）迢，迢迢隔河水。边兵尽东征，城内空

荆杞。思明割怀卫，秀岩西未已。回略大荒来，嵭（xiáo）函盖虚尔。延州秦北户，关防犹可倚。焉得一万人，疾驱塞芦子。岐有薛大夫，旁制山贼起。近闻昆戎徒，为退三百里。芦关扼两寇，深意实在此。谁能叫帝阍（hūn），胡行速如鬼。

芦子关是由太原向陕、甘西进的重要关隘（ài），杜甫当年就想从芦子关北上投奔肃宗，因此对芦子关的地理形势和战略地位都十分清楚。他主张朝廷应该派人镇守芦子关，以阻止叛军西进。还好此时由李光弼率领的官军在太原大战中获得了胜利，叛军对芦子关及灵武的战略威胁已经解除。然而杜甫并不能及时得知这个消息，对于他来说困守长安的日子是那般漫长，只能靠着对国君的一点点希望过活。这一天，长安飘起了雪花，可杜甫却没有心情围炉煮茶，只是对着雪景呆呆地坐着。他的思绪飘到了残酷的战场，那里不知又增加了多少刚战死的新鬼。而自己的生活也没好到哪里去，无依无靠也收不到亲人的消息，不也如一个孤魂野鬼吗？杜甫将此时此刻的心情写到了《对雪》这首诗中：

战哭多新鬼，愁吟独老翁。乱云低薄暮，急雪舞回风。瓢弃樽无绿，炉存火似红。数州消息断，愁坐正书空。

无情的狂云与暴雪，仿佛安史叛军嚣张的气焰，使生活每况愈下的杜甫更觉得严寒难耐、愁云惨淡。每逢佳节倍思亲，至德二年的正月初一，杜甫写信给已经嫁于韦家的妹妹。如今通信皆断，也许这是一封永远寄不出去的信，但写出来聊表情思也是好的，即《元日寄韦氏妹》诗：

近闻韦氏妹，迎在汉钟离。郎伯殊方镇，京华旧国移。春城回北斗，郢（yǐng）树发南枝。不见朝正使，啼痕满面垂。

新年过后，便又是一年春天，杜甫听着春日里的声声莺歌，更加思念聪慧可爱的孩子们，挂念着羌村的老树柴门。于是他写下了《忆幼子》一诗：

骥（jì）子春犹隔，莺歌暖正繁。别离惊节换，聪慧与谁论。涧水空山道，柴门老树村。忆渠愁只睡，炙背俯晴轩。

除此之外，杜甫写有《一百五日夜对月》《遣兴》等诗，这些诗将思念幼子、亲人的情感与渴望国家统一、早日和平的愿景糅合在一处，情真意切、感人至深。其中最有名的当数《春望》，这首诗被收录在各版本的语文教材之中，流传于每一代中国人的口中和心上：

国破山河在，城春草木深。感时花溅泪，恨别鸟惊心。烽火连三月，家书抵万金。白头搔更短，浑欲不胜簪。

国破家亡、妻离子散，但山河却并不因此而改变，依旧鸟语花香的春日景象，使城池的凋敝更为触目惊心，不禁让杜甫泪流如雨。泪眼蒙眬中，似乎花儿也在垂泪，鸟儿也在衔恨，叫声惊心。这里的"三"是虚指，表示数量多，战火远远不止三月。连绵的战火让家书变得有万金之重。忧愁、焦虑使杜甫的白发变得更加短疏，连簪子都难以簪上了。"花"和"鸟"本来都是美好的事物，但是在国家危难、家庭流离的时候，它们带给人的却是"溅泪"和"惊心"之感。这是杜甫的主观情感对外在物象的一种应激反应，也因此更让读者印象深刻。

在这一时期，杜甫还偷偷地来到曾经多次游赏过的曲江池畔。前面说到，位于长安城东南隅的曲江曾是皇家与士民同游同乐的胜地，也是大唐盛世的象征。如今看到宫殿萧条而春色依旧，杜甫抚今忆昔，心情心境都大不相同，于是又作《哀江头》诗抒怀：

少陵野老吞声哭，春日潜行曲江曲。江头宫殿锁千门，细柳新蒲为谁绿？忆昔霓旌（jīng）下南苑，苑中万物生颜色。昭阳殿里第一人，同辇（niǎn）随君侍君侧。辇前才人带弓箭，白马嚼啮（niè）黄金勒。翻身向天仰射云，一箭正坠双飞翼。明眸皓齿今何在？血污游魂归不得。清渭东流剑阁深，去住彼此无消息。人生有情泪沾臆，江水江花岂终极！黄昏胡骑尘满城，欲往城南望城北。

杜甫沿着长安城南昔日皇室贵族、才子佳人的游览胜地行走，想起当年芙蓉苑的繁华景象。如今昭阳殿中的美人已经化为一抔（póu）黄土，唐王朝的盛景也已经灰飞烟灭，他不禁感慨万千。旧地重来，触景伤怀，诗人心中的悲怆（chuàng）呼之欲出，可他却连放声大哭都做不到，一是怕被叛军或其耳目听到而伤及己身，二是人在极度悲伤之时可能已经发不出悲鸣，哀恸（tòng）而欲绝。"人生有情泪沾臆，江水江花岂终极！黄昏胡骑尘满城，欲往城南望城北"几句，既有深刻的人生思考，也有身处叛军控制下张皇失措的不安情绪。《哀江头》体现了杜甫沉郁顿挫的诗作风格，是他当时心情的真实记录，对亲人的思念和对国事的悲怆，让他开口即苦、痛彻心扉。

投奔唐肃宗

安史叛军终究不得人心，占领长安后，他们日益残暴、骄奢。在多股势力的共同努力下，腹背受敌的叛军所控制的范围变得越来越小。南不出武关（今陕西丹凤东），北不过云阳（今陕西泾阳云阳镇），西不过武功（今陕西武功），战略上已经处于被动地位。安禄山原本性情就十分暴躁，称帝后又因各种疾病缠身而更加暴戾，在他身边侍候的人稍微有点儿差错便有性命之忧。他的心腹严庄和近侍宦官李猪儿虽然颇受器重，但是伴君如伴虎，他们也常常遭到安禄山打骂。安禄山宠幸段氏，段氏生有一子名叫安庆恩，在长子安庆宗死后，次子安庆绪被立为世子。然而安禄山却一直没有宣布立安庆绪为太子，安庆绪担心被取而代之。各怀心事的三人串通一气，决定先下手为强。至德二年正月，安禄山被他的儿子安庆绪与近侍严庄、李猪儿合谋杀死。这时唐肃宗听从了李泌（bì）的建议，将临时政府由灵武迁至凤翔（今属陕西宝鸡）。凤翔西距长安约三百里，肃宗麾下亲军和郭子仪率领的唐军逼近了长安，这个消息极大地鼓舞了长安的官吏和百姓。由于这两件事，情势有了极大转变：一些被俘往洛阳的官吏偷偷地回到长安，而许多沦陷在长安的人也设法走出长安，逃往凤翔。

当杜甫正在计划逃往凤翔时，郑虔从洛阳回来了。这位"广文先生"被叛军任命为水部郎中，托病没有就职。郑虔在侄子（即驸马郑潜曜）家的池台中见到了杜甫，老友重逢不胜欢欣，他们在春夜里一同饮酒舞蹈，但是心情和三年前领太仓米时已经大不相同了。当时两人虽因水灾而生活潦倒，政治上也不得志，但好在国家尚是完整的，还可以借酒忘形。而此时劫后余生的两人在沦陷区长安想要见一面都要私下进行，自然是悲喜交加、倍加珍惜。杜甫作《郑驸马池台喜遇郑广文同饮》以记之：

不谓生戎马，何知共酒杯。然脐郿（méi）坞败，握节汉臣回。白发千茎雪，丹心一寸灰。别离经死地，披写忽登台。重对秦箫发，俱过阮宅来。留连春夜舞，泪落强裴回。

在这段时期，还有一位杜甫的友人值得记录。杜甫在长安的生活十分拮据，时常要向亲朋好友借些粮食，然而有的亲友处去过一两次以后就不再有笑脸了。唯有友人苏端从未拒绝过他。虽然苏端也很贫困，可是无论在何种境况下，只要杜甫登门，苏端都热情相待。锦上添花固然好，雪中送炭才更难得，因而杜甫写了《雨过苏端》以示感谢。这首诗里也展现了杜甫想要逃离长安投奔肃宗的志向。

鸡鸣风雨交，久旱云亦好。杖藜入春泥，无食起我早。诸家忆所历，一饭迹便扫。苏侯得数过，欢喜每倾倒。也复可怜人，呼儿具梨枣。浊醪（láo）必在眼，尽醉攄（shū）怀抱。红稠屋角花，碧委墙隅草。亲宾纵谈谑，喧闹畏衰老。况蒙霈（pèi）泽垂，粮粒或自保。妻孥隔军垒，拨弃不拟道。

多方准备之后，杜甫终于决定逃出长安，临行前为了躲避叛军耳目，他在大云寺里住了几天。大云寺，位于京城朱雀街南，怀远坊之东南隅，本名光明寺。当年武则天第一次到这座寺庙时，沙门宣政向她进《大云经》，为武则天成为女皇提供了依据，而后此庙便改名大云寺，同时武则天还下令让全国各个州都要建大云寺。在杜甫被困长安时，此寺的住持赞公经常资助他，两人来往频繁，十分投契。赞公还为杜甫提供饮食，并赠给他细软的青鞋与洁白的氎

（dié）巾。杜甫曾写下《大云寺赞公房四首》记录了两人之间的交往。四月里的一天，杜甫终于走出了城西的金光门，奔向凤翔。这回出奔，他冒着生命危险，因为那时正有一部分叛军在安守忠、李归仁的率领下从河东打到长安的西边，与潏（yù）桥的郭子仪军相持。杜甫要穿过两军对峙的前线，因此不能走大道，只能选择山林之中无人的崎岖小路，有时候还要匍匐前行。杜甫随时都要担心被叛军捉住，常常觉得自己像是濒死的人，多走一刻便算是多活了一阵。当他望见太白山，快到武功时，才觉得终于脱离了危险，一颗心渐渐放了下来。这一路，杜甫走得艰难，经过咸阳、兴平、武功、扶风，徒步三百里才到凤翔。我们通过《喜达行在所三首》可以了解他当时的心境：

其一

西忆岐阳信，无人遂却回。眼穿当落日，心死著寒灰。雾树行相引，莲峰望忽开。所亲惊老瘦，辛苦贼中来。

其二

愁思胡笳（jiā）夕，凄凉汉苑春。生还今日事，间道暂时人。司隶章初睹，南阳气已新。喜心翻倒极，呜咽泪沾巾。

其三

死去凭谁报，归来始自怜。犹瞻太白雪，喜遇武功天。影静千官里，心苏七校前。今朝汉社稷，新数中兴年。

　　行在所，就是指朝廷临时政府所在地凤翔，第一首诗写杜甫在道路上的奔走和到达行在所的情况。诗的前六句皆写途中情景，后两句则写当杜甫到达行在所之后众人的反应，相近相亲的人看到他又老又瘦的样子都感到十分惊讶。一路辛苦的奔逃让杜甫备受折磨，快不成人样了。第二首诗追忆当年深陷长安之时，杜甫每次听到胡笳声就会觉得惆怅，入目又都是"国破山河在"的景象。想来能够成功逃脱真是十分幸运，看到此处一派欣欣向荣的景象，不禁喜极而泣。第三首诗全诗都是在写情，层层递进、渐渐升华，杜甫先是自怜自伤，又重归喜悦，最后以汉喻唐，表达了对唐王朝中兴的无限信心。

　　一路风餐露宿、提心吊胆，当杜甫拜见肃宗时，他的衣袖已经残破，两肘都露在外边，脚上穿着两只麻鞋，可以说全身上下除了一颗赤子之心，几乎是体无完肤了。而此时在凤翔的房琯、严武等人看到衣服破旧不堪、又黑又瘦的杜甫之后，都异常感动，知道他必是遭受了常人不可想象的磨难。五月十六日，肃宗派中书侍郎张镐传令，任杜甫为左拾遗。左拾遗是一个从八品上的官职，职务是供奉皇帝，发现皇帝有不合理的命令时要及时提出意见，同时还有举荐贤良的责任。左拾遗虽官阶不高，却是天子近臣，张镐就是从左拾遗直接升为宰相的，所以这是一个相当重要的职务。

　　杜甫自从去年八月告别妻儿，至此已有十个月了。由于兵荒马乱、书信不通，家人是生是死都无从知道。此时又新任左拾遗之职，肩负着很重要的责任，一时之间不能请假前往鄜州去探亲，只能先写信问问家里面的情况。然而信寄出以后却久久得不到回音，杜甫心里越来越不踏实，有时不禁开始往坏处想了，因为他听说叛军劫掠过鄜州一带，所过之处，鸡犬不留，是不是自己的家人都已遇难了呢？他们死后若被埋在冰冷的松根下面，尸骨应该还没腐烂吧？越想越多，越想越糟，杜甫反而害怕有消息传来了，若是家人真的已经遭遇不测，自己又怎么承受得了啊？不禁回想起以前与家人相聚的欢乐情景，真害怕就剩下自己一个孤苦伶仃的老头了。杜甫所写《述怀》一诗记述了这段难忘的经历和复杂的心情：

去年潼关破，妻子隔绝久。今夏草木长，脱身得西走。麻鞋见天子，衣袖露两肘。朝廷愍生还，亲故伤老丑。涕泪受拾遗，流离主恩厚。柴门虽得去，未忍即开口。寄书问三川，不知家在否。比闻同罹（lí）祸，杀戮到鸡狗。山中漏茅屋，谁复依户牖（yǒu）？摧颓苍松根，地冷骨未朽。几人全性命？尽室岂相偶？嶔（qīn）岑猛虎场，郁结回我首。自寄一封书，今已十月后。反畏消息来，寸心亦何有？汉运初中兴，生平老耽酒。沉思欢会处，恐作穷独叟（sǒu）。

杜甫在诗中对战乱年代里人们的微妙心理进行了细腻生动的描摹，读后不禁令人唏嘘感叹。到了这年秋天，杜甫终于收到了来自羌村的家书。激动的心、颤抖的手，杜甫展开了这封来之不易的家书，杨夫人一字一句写下诸人平安，他的一颗心终于安定，并作

《得家书》一诗抒发欣喜之情。此时此刻，家人平安，仕途顺遂，前线捷报频传，杜甫的情绪也变得高涨起来，不再作辛酸之语。从他这一时期所写的大量送别诗，如《送樊二十三侍御赴汉中判官》《送韦十六评事充同谷郡防御判官》中可见一斑。

然而，这样的日子没过多久，一场酝酿已久的祸事又彻底改变了杜甫的人生轨迹。

读故事　学知识

生灵涂炭

指百姓就像陷入烂泥和炭火之中一样。

出自《尚书·仲虺（huǐ）之诰》，成汤灭夏，将夏桀流放到南巢，但夏桀毕竟曾是国君，而成汤曾是臣，他担心后世会有不好的舆论，因此闷闷不乐。左相仲虺向成汤解释说，"有夏昏德，民坠涂炭"，夏桀暴虐无道，行为昏乱，使人民像陷于烂泥和炭火之中一样，于是上天赋予您勇敢和智慧，使您继承大禹的事业，领导万邦，此乃正义之举，您顺应天命即可。

姑息养奸

指由于无原则的宽容而助长坏人作恶。

出自《礼记·檀弓上》，曾子病重，他的弟子子春、曾元、曾申侍候在侧，童仆举着蜡烛坐在角落里，说："华美而光洁的席子，是大夫才能享用的。"曾子说："那是季孙送的，我自己并没有。"然后就让曾元扶他起来更换席子。曾元劝道："您现在病情严重，不能移动，等到明天早上再换吧。"曾子曰："尔之爱我也不如彼。君子之爱人也以德，细人之爱人也以姑息。吾何求哉？吾得正而毙焉斯已矣。"意思是，曾子说："你不如童仆爱我。君子按照道德标准去爱护人，小人没有原则地迁就助长他人。我还要求什么呢？只要能死得合乎礼仪正道，就足够了。"曾元听了，便扶起曾子更换了席子，刚把他挪过去，还没躺好就去世了。

塞翁失马，焉知非福。

原指虽然暂时有所损失，但也有可能带来好处，好事与坏事在一定条件下会相互转化。

出自西汉刘安的《淮南子·人间训》，边塞上住着一家人，有一天他们家的马跑到了胡地。邻居都前来安慰他们。这家的老翁说："这说不定是一种福气呢。"过了一段时间，那匹马自己跑回来了，还带回了胡人的骏马。邻居又都赶来祝贺。老翁说："这说不定是一种灾祸呢。"后来，老翁的儿子骑马时不小心摔了下来，摔断了腿。邻居又前来安慰他们。老翁说："这说不定是一种福气呢。"过了几个月，胡人侵扰边境，朝廷征召年轻男子去前线作战。战争十分惨烈，大部分人都死在了战场上，只有老翁的儿子因为腿伤而不能参军打仗，保全了性命。

后用"塞翁失马，焉知非福"比喻祸福相依，不必在意一时的得与失。

鸠占鹊巢

鸤鸠不会筑巢，经常强占喜鹊的巢窠。比喻强占别人的房屋、土地、位置等。

出自《诗经·召南·鹊巢》："维鹊有巢，维鸠居之。之子于归，百两御之。维鹊有巢，维鸠方之。之子于归，百两将之。维鹊有巢，维鸠盈之。之子于归，百两成之。"意思是，喜鹊筑成巢，鸤鸠来住它。这人要出嫁，许多车队迎接她。喜鹊筑成巢，鸤鸠占有它。这人要出嫁，许多车队来送她。喜鹊筑成巢，鸤鸠住满它。这人要出嫁，许多车队成全她。

七

战乱中的人间世

房琯的复古车战与杜甫之贬

　　至德元年八月，时在成都的玄宗得知肃宗已经在灵武即位，命丞相房琯、韦见素等人前往灵武，正式册立肃宗。随即房琯向肃宗上表，请求带兵收复两京，肃宗任命他为持节、招讨西京兼防御蒲、潼两关兵马、节度等使。然而房琯虽有济世之心，但缺乏战略眼光和头脑。十月二十一日，房琯在长安西北的陈陶斜遭遇叛军，他竟然效仿先秦的车战之法，使用大量战车破敌。房琯设想的是一旦与叛军交锋，这些战车就会直逼对方的中路骑兵，而紧随其后的步兵和骑兵就可以乘胜追击。然而自西汉平定七国之乱以后，就没人再采用这种作战方法了，此战术早已被时代淘汰。况且在当时战马并不充裕的情况下，房琯用了大量耕牛来代替，才东拼西凑出两千辆复古战车。落后的作战方法和滥竽充数的作战工具导致唐军大败，死伤四万余人。房琯本想缓缓再说，然而两天之后，肃宗派邢延恩不停催促，房琯再次率余部与叛军战于青坂，结果自然又是大败。消息传回长安，当时身陷贼中，本就心情低落的杜甫，沉痛地写下两首诗：

悲陈陶

　　孟冬十郡良家子，血作陈陶泽中水。野旷天清无战声，四万义军同日死。群胡归来血洗箭，仍唱胡歌饮都市。都人回面向北啼，日夜更望官军至。

悲青坂

我军青坂在东门，天寒饮马太白窟。黄头奚儿日向西，数骑弯弓敢驰突。山雪河冰野萧瑟，青是烽烟白人骨。焉得附书与我军，忍待明年莫仓卒。

两首诗相较，《悲陈陶》更注重表达情感，前两句着重描写了悲壮而又惨烈的战争场面。刚刚经历过厮杀的战场转瞬之间变得寂静，旷野与天空是那样清明，仿佛这场战争从未发生。然而事实上，有四万英魂实实在在地献出了生命。人已不在，自然无声。下一句转而写敌人的猖狂，大获全胜的敌军清洗着沾满唐军鲜血的武器，放声高歌。但是，即便如此惨烈的场景，也不能令大唐的百姓退却，他们依然呼唤着官军的到来，呼唤着胜利的到来。此时此刻，杜甫对敌军的仇恨和对百姓的同情更加分明了。《悲青坂》则更注重提出建议。杜甫对死去的战士表达哀悼之情的同时，也提出了自己对战事的见解。欲速则不达，在这次大败以前，唐军已经因为急功近利而错失了多次良机，杜甫认为大军不应该轻举妄动，而应该先好好休整，把握时机再出击。

战败回朝后，自知酿成大错的房琯脱去上衣，裸露肢体，郑重而恭敬地向肃宗请罪，肃宗也暂时原谅了他的重大失误。然而真是应了那句话："不怕没好事，就怕没好人。"不久，与房琯有旧怨的御史大夫贺兰进明开始挑拨离间，他对唐肃宗说房琯生性虚浮、好说大话，并不是宰相之材。还说房琯以前在蜀地辅佐玄宗时，建议让诸王掌握兵权，让他们驻扎在重要地区，却把肃宗安置在边郡之地，是因为无论玄宗的哪个皇子继承皇位，对房琯来说都没有太大分别。玄宗和肃宗的关系向来紧张，肃宗自立后，两人之间的皇权之争更加激烈，因此肃宗对房琯这个由玄宗任命的宰相也就越来越不满。至德二年，肃宗便找了房琯门客受贿等几个理由罢免了他的宰相之职，贬为太子少师。

杜甫敬重房琯其人，且认为不应该因此事而贬谪大臣。而且杜甫还想到房琯少年时便颇负盛名，每每谈到国家的灾难，就十分激动、愤慨，认为攻击房琯的贺兰进明之流更为可耻，于是积极上疏营救房琯。关心则乱，他在给皇帝的上疏中措辞激烈、情绪激动，没有很好地讲究说服的艺术。唐肃宗大怒，诏三司推问杜甫。审讯以后，韦陟（zhi）说杜甫的言辞虽然狂妄，但不失谏臣的体统，于是肃宗对韦陟也表示不满，想要继续治杜甫的罪。幸亏后来得到宰相张镐的营救，杜甫才幸免于罪。但唐肃宗也从此开始刻意疏远杜甫，到了八月，便让他离开凤翔，回鄜州羌村探亲。

羌村探亲

这年又是一秋苦雨，直到闰八月初一，才终于见晴。杜甫在这一天离开凤翔，向北归家。这一路上人烟很是稀少，快到鄜州时路途更是艰难。跋山涉水，杜甫终于回到了羌村家中。经过一年的颠沛流离，如今能活着回来，他心中自然是百感交集。杜甫在羌村家中逗留了三个月，其间写下了著名的《羌村三首》：

其一

峥嵘赤云西，日脚下平地。柴门鸟雀噪，归客千里至。妻孥怪我在，惊定还拭泪。世乱遭飘荡，生还偶然遂。邻人满墙头，感叹亦歔（xū）欷（xī）。夜阑更秉烛，相对如梦寐。

其二

晚岁迫偷生，还家少欢趣。娇儿不离膝，畏我复却去。忆昔好追凉，故绕池边树。萧萧北风劲，抚事煎百虑。赖知禾黍收，已觉糟床注。如今足斟酌，且用慰迟暮。

其三

群鸡正乱叫，客至鸡斗争。驱鸡上树木，始闻叩柴荆。父老四五人，问我久远行。手中各有携，倾榼（kē）浊复清。苦辞酒味薄，黍地无人耕。兵革既未息，儿童尽东征。请为父老歌，艰难愧深情。歌罢仰天叹，四座泪纵横。

第一首诗写刚到家时的情景，妻子儿女看到历经艰险平安归来的杜甫，又惊又喜，相熟的邻居们也不胜唏嘘。杜甫所处的时代风雨飘摇，能看见活着回来的游子都感到十分惊讶。第二首诗写杜甫回家后的苦闷情状，闲居在家百无聊赖的他又生出不被重用的烦闷，只能借酒消愁。第三首诗写邻居来拜访杜甫，借邻人的话道出如今兵荒马乱、田园荒废的现实情况。杜甫不禁感念邻居对他的慰问与关照，为他们放声歌唱。在座的众人也都被杜甫的歌声打动，潸（shān）然泪下。

回到家中的杜甫常常会想起这几个月如同坐过山车一般的经历，于是提笔写下《北征》。此为杜诗中的长篇之一，可与《自京赴奉先县咏怀五百字》相媲美，诗曰：

皇帝二载秋，闰八月初吉。杜子将北征，苍茫问家室。维时遭艰虞，朝野少暇日。顾惭恩私被，诏许归蓬荜。拜辞诣阙下，怵（chù）惕（tì）久未出。虽乏谏诤姿，恐君有遗失。君诚中兴主，经纬固密勿。东胡反未已，臣甫愤所切。挥涕恋行在，道途犹恍惚。乾坤含疮痍，忧虞何时毕？靡靡逾阡陌，人烟眇（miǎo）萧瑟。所遇多被伤，呻吟更流血。回首凤翔县，旌旗晚明灭。前登寒山重，屡得饮马窟。邠（bīn）郊入地底，泾水中荡潏。猛虎立我前，苍崖吼时裂。菊垂今秋花，石戴古车辙。青云动高兴，幽事亦可悦。山果多琐细，罗生杂橡栗。或红如丹砂，或黑如点漆。雨露之所濡，甘苦齐结实。缅思桃源内，益叹身世拙。坡陀望鄜畤（zhì），岩谷互出没。我行已水滨，我仆犹木末。鸱鸟鸣黄桑，野鼠拱乱穴。夜深经战场，寒月照白骨。潼关百万师，往者散何卒？遂令半秦民，残害为异物。况我堕胡尘，及归尽华发。经年至茅屋，妻子衣百结。恸哭松声回，悲泉共幽咽。平生所娇儿，颜色白胜雪。见耶背面啼，垢腻脚不袜。床前两小女，补绽才过膝。海图坼波涛，旧绣移曲折。天吴及紫凤，颠倒在裋（shù）褐。老夫情怀恶，呕泄卧数日。那无囊中帛，救汝寒懔慄（lì）。粉黛亦解包，衾裯稍罗列。瘦妻面复光，痴女头自栉（zhì）。学母无不为，晓妆随手抹。移时施朱铅，狼藉画眉阔。生还对童稚，似欲忘饥渴。问事竞挽须，谁能即嗔喝？翻思在贼愁，甘受杂乱聒（guō）。新归且慰意，生理焉得说？至尊尚蒙尘，几日休练卒？仰观天色改，坐觉妖氛豁。阴风西北来，惨淡随回纥（hé）。其王愿助顺，其俗善驰突。送兵五千人，躯马一万四。此辈少为贵，四方服勇决。所用皆鹰腾，破敌过箭疾。圣心颇虚伫，时议气欲夺。伊洛指掌收，西京不足拔。官军请深入，蓄锐可俱发。此举开青徐，旋瞻略恒碣。昊天积霜露，正气有肃杀。祸转亡胡岁，势成擒胡月。胡命其能久？皇纲未宜绝。忆昨狼狈初，事与古先别：奸臣竟菹（zū）醢（hǎi），同恶随荡析。不闻夏殷衰，中自诛褒妲。周汉获再兴，宣光果明哲。桓桓陈将军，仗钺（yuè）奋忠烈。微尔人尽非，于今国犹活。凄凉大同殿，寂寞白兽闼（tà）。都人望翠华，佳气向金阙。园陵固有神，扫洒数不缺。煌煌太宗业，树立甚宏达。

　　本诗结合时事加入议论，用高度写实的手法写出了一路上的种种经历和回家后的种种见闻，将个人遭遇与国家形势结合起来，并发表了对时局的看法。全诗分为五大段，第一段写奉旨归家、忧国忧民的复杂心情。此时的杜甫仍旧觉得肃宗是一位好皇帝，但也认为自己上疏直谏是没有错的。第二段写归家途中的所见、所闻、所感。百姓们遭受了战争的无情摧残，人命甚至比草还要轻贱。第三段重点写诗人到家以后复杂的心情。第四段写诗人对朝廷借兵回纥的忧虑及对平叛必胜的信心。第五段通过古今对比，肯定玄宗迷途知返，唐室一定还能中兴。

这是杜甫诗中著名的长篇，共七十韵，一百四十句，七百字，诗意或远或近，或开或阖，或紧或宽，或断或续，变化多端。全诗情感曲折细腻、夹叙夹议，就像司马迁笔下的列传一样，有纪传体史传的法度在里边，也是杜甫"诗史"风格的代表作。南宋的胡仔在《苕（tiáo）溪渔隐丛话》前集卷十二中记载了这样一个故事：

孙莘老尝谓，老杜《北征》诗胜退之《南山》诗。王平甫以谓《南山》胜《北征》，终不能相服。时山谷尚少，乃曰："若论工巧，则《北征》不及《南山》，若书一代之事，以与《国风》《雅》《颂》相为表里，则《北征》不可无，而《南山》虽不作，未害也。"二公之论遂定。

黄庭坚将《北征》这首大朴似拙的诗歌与《诗经》中的《风》《雅》《颂》相提并论，这是非常高的评价。杜甫的这首《北征》，也完全担得起这个评价。

至德二年九月，长安被收复，肃宗重回国都。十一月，杜甫听闻消息遂携家离开鄜州，重返长安。

邺城大败与《三吏》《三别》

从至德二年十一月到乾元元年（758 年）六月，是杜甫在长安的最后一次停留。自从失去肃宗的欢心，自然今时不同往日，但杜甫还是一直恪（kè）守职责、夙（sù）兴夜寐，有《春宿左省》一诗为证，诗曰：

花隐掖垣暮，啾啾栖鸟过。星临万户动，月傍九霄多。不寝听金钥，因风想玉珂。明朝有封事，数问夜如何。

此诗作于乾元元年，描写了杜甫在门下省值夜时的心情。左省即左拾遗所属的门下省，和中书省同为执掌机要的中央政府机构，因在庑（wǔ）殿之东，故称"左省"。由于担心耽误次日早朝上密封的奏章，杜甫在值夜时失眠了。他似乎时而听到开宫门的钥匙声，又好像听到了百官骑马上朝的马铃响。这些自然都是杜甫的幻觉，深切地表现了诗人勤于国事，唯恐次晨耽误上朝的心情。如果第二天有重要的事情，我们也常常会有辗转反侧、难以入眠的体验，大诗人杜甫亦不能免俗。这首小诗生动地表现了杜甫夙兴夜寐、一心为国的精神，也体现了在长安城内和皇帝身边，杜甫小心翼翼、高度紧张的精神状态。

这时贾至任中书舍人，王维任太子中允，岑参任右补阙，严武为京兆少尹兼御史中丞。杜甫和这些人常常聚在一起互相唱和。虽然仕途不顺、心情欠佳，但历经沧桑的杜甫也算是过了一阵清闲生活。闲着没事的时候，他常到曲江边上散步，在同一时期同一地点，杜甫写下了曲江七律组诗共三题四首，其中以《曲江二首》最为著名：

其一

一片花飞减却春，风飘万点正愁人。且看欲尽花经眼，莫厌伤多酒入唇。江上小堂巢翡翠，苑边高冢（zhǒng）卧麒麟。细推物理须行乐，何用浮名绊此身。

其二

朝回日日典春衣，每日江头尽醉归。酒债寻常行处有，人生七十古来稀。穿花蛱（jiá）蝶深深见，点水蜻蜓款款飞。传语风光共流转，暂时相赏莫相违。

这时候正是暮春时节，曲江上一片花谢花飞的景象。花无百日红，心思细腻的诗人自然会生出更多愁绪。诗中有对物象的精妙描写，如"穿花蛱蝶深深见，点水蜻蜓款款飞"，也有对人生的慨然感喟："酒债寻常行处有，人生七十古来稀。""细推物理须行乐，何用浮名绊此身。"这两首诗看似在伤春，实际上是在感时伤世。一片片飞花渐渐积累会带来春天的逝去，那么一个个失误不断积累也会将唐王朝推向深渊。郁郁不得志的诗人此时在诗中已经流露出对肃宗的失望之情。

日子一天一天波澜不惊、无可奈何地过着，直到乾元元年的六月，杜甫的生活发生了一个大的变动，此事又与老友房琯有关。跟随肃宗回到长安后，房琯生活如常，结交宾客，车马盈门，还常常称病请假。有时候，酒过三巡，房琯便口无遮拦，说一些不合时宜的言论。这些言谈传到肃宗耳中，引起肃宗的强烈不满，于是将房琯贬为邠州（今陕西彬州）刺史。而房琯的许多朋友也受到牵连，京兆少尹严武被贬为巴州刺史（今四川巴中），曾经给予杜甫许多帮助的大云寺僧人赞公被放逐到秦州，杜甫也被贬到华州（今陕西渭南）任司功参军。这个职务主要是管理华州地方的祭祀、礼乐、学校、选举、医筮（shì）等事务。前一年的四月，杜甫曾经过金光门逃归凤翔，如今杜甫再次走出此门，而此去之后，他再也没有回到长安。

再次遭受打击的杜甫似乎已经预感到了前路的艰险，他觉得自己好像是一个被遗弃的人。于是他写出这样的诗句："无才日衰老，驻马望千门。"（《至德二载甫自京金光门出问道归凤翔乾元初从左拾遗移华州掾与亲故别因出此门有悲往事》）一千多年后，当我们从第三视角看待此事，发现杜甫虽然不能再待在皇帝身边，但他更加深入地走向了民间和民众，这未必不是一种解脱。杜甫的政治前途虽然闭塞了，但诗穷而后工，经过种种打磨之后，他的文学才能将大放异彩。

杜甫到华州时，正是七月，此时的华州夜里毒蝎出没，白天蚊虫乱飞，日子过得好生艰苦。可是杜甫依然顽强地坚持了下来。

这年冬天，杜甫离开华州前往洛阳，探望阔别已久的亲故及陆浑庄故居。在这次旅途之中，杜甫见到了老朋友卫八，两人仿佛天上的参（shēn）星和商星一出一没，难得相见。上一次见面的时候，卫八尚未娶妻，这一次却儿女成行，以后还能否见面都是未知数。这次见面完全出乎杜甫的意料，自然也令他惊喜异常，于是写下了著名的《赠卫八处士》，诗曰：

人生不相见，动如参与商。今夕复何夕，共此灯烛光。少壮能几时，鬓发各已苍。访旧半为鬼，惊呼热中肠。焉知二十载，重上君子堂。昔别君未婚，儿女忽成行。怡然敬父执，问我来何方。问答乃未已，儿女罗酒浆。夜雨剪春韭，新炊间黄粱。主称会面难，一举累十觞。十觞亦不醉，感子故意长。明日隔山岳，世事两茫茫。

诗的开头就给人一种惊喜而急切的感觉，这的确是很多年没有见面的老友重逢之后的自然反应。人生不相见，就像天上的参星和商星，总不能同时出现在夜空。今晚是什么日子啊，我们能够在这烛光下相聚。少壮之年，又能持续多久呢？如今再见，我们的鬓发都已变得灰白。当我们谈起往昔的旧友时，才知道一半都已经去世，随着各种消息的交流，我们惊叫出声，内心炽热。谁知道二十年后能够重新来到你家！这样的描写，将久别重逢的场面像电影一般地展示在读者眼前，显示了诗人高超的写作技巧。而末句"明日隔山岳，世事两茫茫"，又增加了怅然喟叹的感慨。

乾元二年正月，史思明自称大燕皇帝于魏州（今河北大名），再次反叛。二月，郭子仪等九节度大军围攻邺城，回纥也来助战，但久攻不下。三月，唐军与叛军战于安阳河之北，掉以轻心、战略失策的唐军大败，郭子仪退守洛阳。犹如惊弓之鸟的洛阳百姓，纷纷逃奔山谷。

此时尚在洛阳的杜甫匆匆返回华州，途中看到百姓又一次受到战乱的威胁，连未成年的男孩和白发苍苍的老翁、老妇也被迫入伍，情动于中的他写下了名垂千古的"三吏""三别"，分别是《新安吏》《石壕吏》《潼关吏》《新婚别》《无家别》《垂老别》六首诗。

这些诗歌继承了《诗经》、汉乐府的传统，浓缩了战乱给人们带来的痛苦，同时也表达了杜甫内心的矛盾。因为无论杜甫多么关心百姓，他始终有着身处封建社会的局限性。杜甫把一切希望都寄托于朝廷，然而他爱护的百姓与他拥护的统治者之间有着剧烈的冲突。作为人民的诗人，在这一时期，杜甫的思想与创作又有了一定程度上的突破。身处封建时代的他，此时除了控诉战争、怜悯百姓以外，还将思考扩展到了封建制度的弊端上，不得不说是一种超前性和进步性。

杜甫离开洛阳，路过新安时听到一片点兵的声音。新安县很小，此时已经没有满足应征入伍条件的成年男子了，所以只好征发未到服役年龄的"中男"。杜甫看见一群少年被强行征入军中，情状十分凄惨。但他转念又想到百姓应该齐心协力抵御叛军，于是写下了几句劝慰之语，这就是《新安吏》：

客行新安道，喧呼闻点兵。借问新安吏："县小更无丁？""府帖昨夜下，次选中男行。""中男绝短小，何以守王城？"肥男有母送，瘦男独伶（líng）俜（pīng）。白水暮东流，青山犹哭声。莫自使眼枯，收汝泪纵横。眼枯即见骨，天地终无情！我军取相州，日夕望其平。岂意贼难料，归军星散营。就粮近故垒，练卒依旧京。掘壕不到水，牧马役亦轻。况乃王师顺，抚养甚分明。送行勿泣血，仆射如父兄。

杜甫在路上遇到一位老人，他的子孙都因战争而丢掉了性命，如今他也要被抓去战场。无能为力的老妻只能卧在路旁啼哭，悲痛而绝望。杜甫还遇到一位新婚少妇，晚上刚刚结婚，第二天早晨丈夫便被召去守河阳。杜甫还遇见了从相州战败返乡的士兵，回到家中，看到园庐被蒿藜埋没，当年认识的人不是死了就是各奔东西。然而正当他要去耕种荒芜的田地时，县吏听说他回来了，又命他在本州服役。杜甫借这三个苦命人的口吻记录下了他们的悲惨人生，分别作《新婚别》《无家别》《垂老别》三首诗歌。下面是《新婚别》：

兔丝附蓬麻，引蔓故不长。嫁女与征夫，不如弃路旁。结发为妻子，席不暖君床。暮婚晨告别，无乃太匆忙。君行虽不远，守边赴河阳。妾身未分明，何以拜姑嫜（zhāng）。父母养我时，日夜令我藏。生女有所归，鸡狗亦得将。君今往死地，沉痛迫中肠。誓欲随君去，形势反苍黄。勿为新婚念，努力事戎行。妇人在军中，兵气恐不扬。自嗟贫家女，久致罗襦（rú）裳。罗襦不复施，对君洗红妆。仰视百鸟飞，大小必双翔。人事多错迕，与君永相望。

按照古代风俗，妇人嫁三日，告庙上坟，谓之成婚。这位新婚的女子，刚过完新婚之夜，还没有拜见公公和婆婆，丈夫就被征兵从军去了，这就是所谓"妾身未分明"。诗歌写出了战争带给广大百姓生离死别的痛苦，而在诗的后半部分，又让这位女子说出"誓欲随君去，形势反苍黄。勿为新婚念，努力事戎行。妇人在军中，兵气恐不扬"的话来，鼓励新婚的丈夫不要顾念家中，勉力从军，建功立业。在"三吏""三别"中，杜甫在诗的下半部分话锋一转，或写出为国献身的豪迈之言，或是勉励之辞，或是宽慰之语。这是杜甫出于自身的认识而作的诗歌，因为他知道，与这种事情相比，击败叛军，回归和平的生活才是当前最重要的事情。

后来杜甫到了潼关，又看见潼关的士兵们在修筑城墙。看着坚固的城防，杜甫有了难得的豪情壮志，可他又想起当年哥舒翰潼关大败之事，于是请求潼关吏转告守关的将军，千万不要学哥舒翰，作《潼关吏》一诗：

士卒何草草，筑城潼关道。大城铁不如，小城万丈余。借问潼关吏："修关还备胡？"要我下马行，为我指山隅："连云列战格，飞鸟不能逾。胡来但自守，岂复忧西都！丈人视要处，窄狭容单车。艰难奋长戟，万古用一夫。""哀哉桃林战，百万化为鱼。请嘱防关将，慎勿学哥舒！"

在潼关筑城的士卒们已经很疲劳了，大城比铁还坚固，山上的小城也高达万丈。之前哥舒翰在这里打过败仗，致使安禄山叛军长驱直入，侵犯关中。杜甫明知故问："修关是干吗呀？"关吏热心地为他介绍，并夸口说叛军无论如何都过不了这关隘。关吏的乐观让杜甫不敢苟同，君不见哥舒翰在桃林塞战败之时，数万士兵都葬身黄河。可不能重蹈覆辙，像哥舒翰那样啊！

有一天晚上，杜甫投宿在石壕村，夜半有差吏敲门来捉丁，这家的老翁跳墙逃走了，家里只剩下一个老妇人、一个衣衫不整的儿媳和一个还在吃奶的孩子。老妇人哀求了许久，但差吏还是要抓人。最后的解决方法是，老妇人让差吏把她带走，送到河阳的军营里去做饭。亲身经历此事的杜甫写下了《石壕吏》：

暮投石壕村，有吏夜捉人。老翁逾墙走，老妇出门看。吏呼一何怒！妇啼一何苦！听妇前致词："三男邺城戍，一男附书至，二男新战死。存者且偷生，死者长已矣。室中更无人，唯有乳下孙。有孙母未去，出入无完裙。老妪（yù）力虽衰，请从吏夜归。急应河阳役，犹得备晨炊。"夜久语声绝，如闻泣幽咽。天明登前途，独与老翁别。

　　这首诗反映了战争对农村生活秩序的摧残。家中三个孩子都已经去服兵役，还要将老妇人带去军中干杂活，这肯定是不符合唐朝律法和人之常情的。杜甫如实地记录了这一幕，让我们感受到他作为一个现实主义诗人的良知和责任；但他没有就此多加议论，原因就在于抵抗安史叛军是正义的战争，此时形势极度险恶，一旦前线抵挡不住，后果不堪设想，因此，他也不好在这个特殊时刻对这种现象多加批评。这也是杜甫下笔很有分寸的地方。这首诗更多的是对当时情况的客观描述，老妇人的话占据了大半篇幅。我们在诗中似乎看不到杜甫的情感，但也不难体察到他的痛苦。内心深处始终怀抱着忠君爱国思想的杜甫，这一次再也说不出什么劝慰勉励之语了，百姓的痛苦是那么的真实，它发生在每一个普通的家庭中和每一个平凡的日子里，因此他再也不能逃避，他要将这些痛苦真实而深刻地展现出来，给统治者以警醒，为苦难的百姓发声。

去秦州

乾元二年的夏天，关内久旱不雨，再次造成了严重的灾荒。史思明在邺城打败唐军后，杀死安庆绪，回到范阳，自称大燕皇帝，准备攻取河南。

杜甫在路上亲眼看到官吏的所作所为，对当前的政治和百姓的生活有了更深的了解和认识。这一切情形和他心中所求相距甚远。杜甫进入了"职业迷茫期"，不禁疑惑他在华州做一个司功参军有什么意义，于是在立秋后不久便放弃了这个职位。后来杜甫在《秦州杂诗》里说出了自己的心声："唐尧真自圣，野老复何知。"这里的"唐尧"指的是唐肃宗，而"野老"自然指的是杜甫。杜甫话里有话地说肃宗才是真正的圣人，而我杜甫不过是个无知的人。诗人怀着这样强烈的不满，挥手作别了纷乱的关辅地区，不再留恋险恶的政治中心。

邺城大败之后，河南骚动，杜甫不能回洛阳的老家，又没有钱居住在消费昂贵的长安。这时正巧他的从侄杜佐在秦州东柯谷盖了几间草堂，僧人赞公也在秦州西枝村开辟了几间窑洞，于是杜甫决定带家人搬到秦州去住。

秦州是陇右道东部一个重要的城市，位置在六盘山支脉陇山的西边。陇山海拔两千多米，古籍记载山路九转，越过这座山要七天的工夫，从东方来的人走到这里常常会踌躇不前。唐代的秦州暂时保持着平静，没有战乱的侵袭，也没有无情的天灾，因此有许多人越过陇山来到这里避难。实际上日益强大的吐蕃正威胁着这座边城，黄昏时满城都是鼓角的声音，还常常有报警的烽火自远方点燃。

杜甫最初在城东南五十里东柯谷杜佐家中短期寄居，此后大部分时间住在秦州城里。在秦州，杜甫的衣食住行仍旧十分窘迫。他寄诗给杜佐，希望他可以送来米和薤（xiè）菜，隐者阮昉（fǎng）也曾送给他三十束薤菜。可是生活不能完全依赖他人，于是杜甫又重新卖起了药，维持生计。从他秦州期间所写的诗中常常可以读到关于采药和制药的内容。然而亲友的帮助与卖药的副业都不能完全解决他生活上的困难，无衣无食的时候，一文钱就能难倒英雄好汉，他把这种心情写在了《空囊》一诗里，诗曰：

翠柏苦犹食，晨霞高可餐。世人共卤（lǔ）莽，吾道属艰难。不爨（cuàn）井晨冻，无衣床夜寒。囊空恐羞涩，留得一钱看。

饥寒交迫令杜甫本就虚弱的身体雪上加霜，疟疾又发作了。每隔一日，便会寒战、高热，整个人虚浮不堪。生活如此穷困、身体如此糟糕，但杜甫的诗作却有了超常的发挥。半年内他写的诗，流传下来的就有一百二十首。诗中所描绘的秦州地理形势和山川风貌，是杜甫诗中又一种奇异的风景。从城北寺到南郭寺再到太平寺，从东柯谷到西枝村……这些风景优美的古刹、山谷、山村使杜甫很想常居于此,只是后来由于资费不足、路途遥远等原因作罢了。

秦州地处偏远,杜甫在此处没有几个亲戚朋友,所以他常常会想起分散各地的亲人和老友,在此期间也就有了许多怀念亲友的诗。杜甫有四个弟弟,除了幼弟杜占此时同在秦州,杜颖、杜观、杜丰三个弟弟则分散在各地。在露白月明之夜,杜甫惦记着生死未卜的弟弟,于是写下了著名的《月夜忆舍弟》:

戍鼓断人行,边秋一雁声。露从今夜白,月是故乡明。有弟皆分散,无家问死生。寄书长不达,况乃未休兵。

他还曾写诗寄给薛据、高适、岑参、贾至和严武等人。其中感情最为真挚、流传度最广的是怀念李白的几首。至德元年十二月,永王李璘从江陵(今湖北荆州)东下,被江南的李希言、李成式拦截,认为他企图夺取皇位,李璘也于第二年二月败死军中。李白因曾加入过永王幕府,被迫逃亡彭泽(今江西彭泽),随后被捕投入浔阳(今江西九江)狱。中间曾经一度被释放,最终改为流放夜郎(今贵州遵义附近)。乾元二年的春夏之交,因为天旱大赦,李白自流放途中遇赦。

刚到秦州时,杜甫并不知道李白遇赦,而且此时关于李白的生死也是众说纷纭。有人说他死于浔阳狱中,还有人说他在前往夜郎途中堕水而亡。忧心忡忡的杜甫日有所思夜有所梦,这位让他无比

敬佩与怀念的老友常常出现在他的梦中，于是杜甫写下了两首感人至深的《梦李白》：

其一

死别已吞声，生别常恻恻。江南瘴（zhàng）疠（lì）地，逐客无消息。故人入我梦，明我长相忆。恐非平生魂，路远不可测。魂来枫林青，魂返关塞黑。君今在罗网，何以有羽翼？落月满屋梁，犹疑照颜色。水深波浪阔，无使蛟龙得。

其二

浮云终日行，游子久不至。三夜频梦君，情亲见君意。告归常局促，苦道来不易。江湖多风波，舟楫恐失坠。出门搔白首，若负平生志。冠盖满京华，斯人独憔悴。孰云网恢恢，将老身反累。千秋万岁名，寂寞身后事。

诗中的"水深波浪阔，无使蛟龙得"，"江湖多风波，舟楫恐失坠"，以及《天末怀李白》中的"应共冤魂语，投诗赠汨（mì）罗"都表达了杜甫对李白安危的无限关怀，似乎也表明杜甫觉得李白已经投水而亡。诗中真情流露，千百年后依旧令人动容。最后杜甫听说李白遇赦了，心情无比激动，又写下《寄李十二白二十韵》。在记录山川、关怀亲友的同时，杜甫也将精力放到自己身上，以"遣兴"为题作了十几首反思人生的诗歌。

杜甫在秦州居住不到四个月，虽然十分喜爱这里的环境，但仍旧不能实现自给自足。走投无路之际，同谷县（今甘肃成县）有位"佳主人"来信说同谷可居，辞意恳切，好像与杜甫相识一般。同谷在秦州南二百六十多里，气候较温暖，物产也丰富，杜甫听说同谷附近栗亭的良田里出产薯蓣（yù），可以充饥，山间有丰富的蜂蜜，竹林里有新鲜的笋，这对于缺衣少食的他自然有很大的吸引力。于是，乾元元年十月，杜甫带着家人离开秦州向南出发了。他们在一个半夜启程，一路南行，杜甫用纪行诗记录下了一路的艰险，分别是《发秦州》《赤谷》《铁堂峡》《盐井》《寒硖》《法镜寺》《青阳峡》《龙门镇》《石龛（kān）》《积草岭》《泥功山》《凤凰台》。

同谷县东南有座凤凰山，传说汉代时有凤凰在上面栖息，故名凤凰台。到凤凰台后，杜甫暂且住下来，可是，他并没有得到希冀中的帮助，全家几濒绝境。此时已是十一月份了，天寒地冻，他只好在山间捡一些橡栗来充饥。他又到山间去挖黄精的幼苗，可是幼苗早已枯萎，又覆盖着一层厚厚的积雪，根本挖不到多少。不只是杜甫生活艰难，隔壁的邻居也饥肠辘辘。年老体衰的诗人带着弱妻幼子在深山穷谷中跋涉了两个多月，困苦之时还常常会想起不能见面的弟弟和妹妹，那真是一段艰难的岁月，长歌当哭，杜甫作《乾元中寓居同谷县作歌七首》以记之，其一如下：

有客有客字子美，白头乱发垂过耳。岁拾橡栗随狙公，天寒日暮山谷里。中原无书归不得，手脚冻皲（cūn）皮肉死。呜呼一歌兮歌已哀，悲风为我从天来。

　　这一年是公元 759 年，这一年杜甫四十八岁。人生已经走过大半的他度过了有生以来最为艰苦的一年，也是他创作颇丰的一年。同谷是待不下去了，必须另谋出路。幸运的是，接下来杜甫终于找到了一个身体和心灵的栖息地，然而在此之前他又要踏上一段艰险的旅程了。

读故事　学知识

滥竽充数

原指不会吹竽的人混在乐队里充数。比喻没有本事的人冒充行家，占着位置，或者以次充好。有时也表自谦。

出自《韩非子·内储说上》，战国时，齐宣王很喜欢听人吹竽，就到处征选善于吹竽的乐工，组成了三百人的乐队。这些乐工都得到了优厚的待遇。有个南郭先生，本不会吹竽，但听说此事，就吹嘘自己技艺超群，博得宣王的欢心，进入了乐队。每当演奏时，他就学着别人的样子摇头晃脑，假装卖力地吹奏。由于是好几百人一起吹奏，齐宣王根本听不出谁会吹奏谁不会吹奏。就这样，南郭先生在乐队里混了好几年。后来，齐宣王死了，齐湣王继位。齐湣王也很爱听吹竽，但他喜欢乐工一个个单独吹给他听。南郭先生听到这个消息后，就悄悄地溜走了。

欲速则不达

意思是不从实际出发，一味图快，反而达不到目的。

出自《论语·子路》："子夏为莒父宰，问政。子曰：'无欲速，无见小利。欲速，则不达；见小利，则大事不成。'"意思是，子夏做莒父宰，问孔子怎样治理政事。孔子说："不要一味求快，不要贪图小利。求快反而达不到目的，贪图小利就做不成大事。"

莒父：鲁国的一个城邑，在今山东省莒县境内。

惊弓之鸟

原指被弓箭吓怕了的鸟，比喻受过惊恐见到一点儿动静就特别害怕的人。

出自《战国策·楚策四》，讲的是一只鸟从半空中飞过，更羸对魏王说，他拉一下弓弦就能将鸟射下来，魏王不信。更羸便拉弓虚射，果然鸟从半空中落了下来。魏王惊叹更羸的箭术高超。更羸说，不是我箭术高超，而是我见这只鸟叫声凄厉、飞行缓慢，一定是离群且受伤，心怀恐惧，所以一听到弓弦响，便猛然振翅高飞，结果牵动旧伤，疼得掉落下来。后来用这个成语比喻受过惊吓的人，听到一点儿动静就觉得害怕。

八

成都行

身体和心灵的栖息地

在同谷停留了一个月左右，诗人又被迫带着家人再次踏上征程。在这次行程中，杜甫写了十二首纪行诗，《发同谷县》是其中的序诗，诗曰：

贤有不黔突，圣有不暖席。况我饥愚人，焉能尚安宅。始来兹山中，休驾喜地僻。奈何迫物累，一岁四行役。忡（chōng）忡去绝境，杳（yǎo）杳更远适。停骖（cān）龙潭云，回首白崖石。临歧别数子，握手泪再滴。交情无旧深，穷老多惨戚。平生懒拙意，偶值栖遁迹。去住与愿违，仰惭林间翮。

乾元二年，杜甫可谓奔忙不停，三月由洛阳赶回华州，一路上历经险阻；七月由华州逃到秦州；十月又由秦州南下同谷；现在又要从同谷到蜀郡去，一年之内竟要搬四次家。辗转漂泊的生活给杜甫的身体和心灵都带来了巨大的伤害，诗中的自嘲之意十分明显，他说圣贤都不能在一个地方停留，像我这样的愚人，又怎么可能随随便便就有一个可以安居的家呢？而且此去还不知道又会有什么在等着他们，他多么渴望做一只林间的鸟啊，至少还有可以休息的家，不至于一次次事与愿违。

　　值得高兴的是，这一次杜甫终于到达了一个身体和心灵的栖息地——成都。成都历来有"天府之国"的美誉，在当时也是闻名天下的繁华都市。在中原地区因战争、灾荒等民不聊生之时，成都是一块难得的净土。而且成都地处四川盆地西部，地势平坦开阔，土壤肥沃，粮产丰富，气候温暖湿润但又不同于江南地区的潮湿多雨，十分适宜人类居住。安史之乱初起时，唐玄宗曾经带着一批官僚逃到这里。当然，来到这里并不容易。李白曾作《蜀道难》称"蜀道之难，难于上青天"，通往幸福的路自然是充满艰辛和曲折的。杜甫与家人首先翻越了木皮岭，看到这崇山峻岭，他不禁感叹："始知五岳外，别有他山尊。"(《木皮岭》)接着他们又渡过嘉陵江，《白沙渡》是写暮渡，《水会渡》是写夜渡。过了嘉陵江，杜甫一家人又摇摇晃晃地上了栈道。与今人所修的玻璃栈道不同，那时的栈道多是在无路可走的情况下才会修建的一种道路，一般是在临江的岩壁上凿出孔，接着在孔中插入木头，下面用立木支撑，然后把横木、立木用绳索联结起来，最后再铺上木板。木头的一端常年受到江水侵蚀，逐渐变得腐败脆弱，更为这种道路增添了许多危险。

　　走过栈道以后，杜甫一行到了桔柏渡，之后到了剑门关。剑门关，位于剑门山的中断处，峰峦峭壁高耸入云，如剑指青天，是被李白誉为"一夫当关，万夫莫开"的一大险关。杜甫在此地作《剑门》一诗，诗中预测以后会有人借此地势割据一方，不久之后竟成了现实，这是后话。通过剑门关后，还要经过鹿头山。直到乾元二年年底，杜甫一家人终于抵达成都。虽然杜甫对中原还怀有眷恋，但他总算结束了十几年四处奔波的生活。在成都山水的滋养之下，杜甫也暂时抛却了烦恼，陶醉在美景美境之中，写下了许多与以前迥然不同的诗句。这些诗歌风格清淡自然，营造出静谧明秀的境界，如作于上元元年（760 年）夏日的《江村》：

清江一曲抱村流，长夏江村事事幽。自去自来堂上燕，相亲相近水中鸥。老妻画纸为棋局，稚子敲针作钓钩。多病所须唯药物，微躯此外更何求？

这首诗描写了悠闲的江村生活，在杜诗中是难得一见的。在燕子飞舞、水鸥做伴的自然环境中，一家人自得其乐。没有棋盘，妻子就在纸上画一个棋盘；没有鱼钩，孩子就用缝衣针自制一个鱼钩。虽然他们在物质上没有多么丰富，但在精神上已然十分满足了。从诗句中我们可以感受到杜甫此时从内心深处升腾起来的安全感和满足感。在饱经离乱之后，他终于获得了暂时安居的栖身之所，徜徉在一片宁静的氛围里。

常言道："春雨贵如油，夏雨遍地流。"此前杜甫诗中所写的雨多是引起水灾饥荒的夏日"苦雨"。而来到成都以后，适宜的气候和愉悦的心情让杜甫的诗中多了许多令人喜悦的小雨，比如后来家喻户晓的《春夜喜雨》：

好雨知时节，当春乃发生。随风潜入夜，润物细无声。野径云俱黑，江船火独明。晓看红湿处，花重锦官城。

这首诗作于上元二年（761 年）春。锦官城是古代成都的别称，作此诗时，杜甫已在成都居住一年多了。成都的雨柔和细腻，无声地滋润着干渴的万物，也抚慰着杜甫疲惫的心灵，让诗人十分开心。《水槛遣心二首》也作于同年，面对着绮丽的风光，身心都非常愉快的杜甫情不自禁地写下了这组歌咏自然风光的佳作，其中第一首中也有关于微雨的精彩描写：

去郭轩楹敞，无村眺望赊（shē）。澄江平少岸，幽树晚多花。细雨鱼儿出，微风燕子斜。城中十万户，此地两三家。

城里有那么多人家，而杜甫所居之处却如同世外桃源一般，只散落着三两人家。淅淅沥沥的雨和鱼儿们跃出水面形成的涟漪相映成趣，轻柔的微风将空中的燕子吹得有些倾斜，好一幅春日丽景图！

浣花溪边一草堂

杜甫到达成都后，暂时住在城西七里的浣花溪寺，当时的成都尹裴冕（miǎn）对他多有接济。不久之后，杜甫便在浣花溪畔找到一块荒地，也就是这"城中十万户，此地两三家"的世外桃源。他先开辟了一亩大的地方，接着又在一棵相传有二百年树龄的高大的楠（nán）树下搭建起一间小茅屋，还在旁边开辟了一个小药圃。这间小茅屋虽然看着不起眼，但它就是后来著名的浣花草堂。杜甫所写《卜居》一诗描写了草堂周围的环境：

浣花流水水西头，主人为卜林塘幽。已知出郭少尘事，更有澄江销客愁。无数蜻蜓齐上下，一双鸂（xī）鶒（chì）对沉浮。东行万里堪乘兴，须向山阴上小舟。

锦江水蜿蜒而过，可以一洗客愁，更兼蜻蜓飞舞、水鸟相伴。闲暇之时，杜甫还可以乘兴乘舟，东行万里。除此之外，杜甫还常常到浣花溪边独自散步，寻花觅景，他曾经写下《江畔独步寻花七绝句》，其中以写黄师塔前可爱桃花的第五首和写黄四娘家满蹊花朵的第六首最为知名，诗曰：

其五

黄师塔前江水东，春光懒困倚微风。

桃花一簇开无主，可爱深红爱浅红。

其六

黄四娘家花满蹊，千朵万朵压枝低。

留连戏蝶时时舞，自在娇莺恰恰啼。

在簇簇花丛、群群蝴蝶中，白发苍苍的杜甫时而俯身低嗅，时而拍手称赞，仿佛回到了无忧无虑的少年时代。那颗饱受摧残的忧国忧民心和那具历经磨难的多愁多病身，此时此刻终于在成都的山水之间获得了短暂的休息。

这间草堂能够很快建成并逐渐完善，除了杜甫的个人努力，还多亏亲戚朋友的帮助：草堂的建筑费来自杜甫的表弟王十五；一百棵桃树苗来自友人萧实；绵竹来自友人韦续；桤（qī）树苗来自友人何邕；果木苗来自友人徐卿；松树苗和瓷碗来自友人韦班……暮春时节，杜甫在院中开心地欣赏着装饰一新的草堂，写下一首《堂成》，诗云：

背郭堂成荫白茅，缘江路熟俯青郊。桤林碍日吟风叶，笼竹和烟滴露梢。暂止飞乌将数子，频来语燕定新巢。旁人错比扬雄宅，懒惰无心作解嘲。

说是"堂成"，其实只是草堂的主体部分落成了，其他房屋和配套设施又断断续续地花了两年时间才最终完成。这片小小的土地，也因为众人的帮助和杜甫的辛勤劳动而不断向外扩展。茅屋旁边有可以向外眺望的水槛，溪水畔有错落有致的亭台，堂前栽种着四棵形态各异的松树，堂内摆放着乌皮几……杜甫看着眼前的天地辽阔、美景如画，多病的身体也感到轻快了许多，而且由于交游少，甚至觉得姓名都是多余的了。

不过，诗圣杜甫却始终没有忘却人民的痛苦与国家的灾难。草堂的生活虽然相对安逸，但他始终没有放弃过顺江东下的念头，也始终未曾忘记过自己的家乡，因为那里是他深沉热爱的故土，有他的亲人朋友。在安逸的生活中，杜甫依然密切关注着中原的战局，常常为国事而忧愁伤神。上元元年，杜甫曾作《恨别》一诗：

洛城一别四千里，胡骑长驱五六年。草木变衰行剑外，兵戈阻绝老江边。思家步月清宵立，忆弟看云白日眠。闻道河阳近乘胜，司徒急为破幽燕。

这首诗抒发了诗人流落他乡的感慨和对故园、亲人的怀念，他又一次在诗中思念起自己的弟弟。此时个人命运和国家命运再次紧紧相连，杜甫多么希望可以早日平定叛乱，与亲友相聚！幸好，上元二年春天，史思明在洛阳以西的柳泉驿（今河南宜阳）被其子史朝义与部将骆悦等人所杀。史朝义弑父自立，叛军内部离心离德，力量被极大地削弱，接连几场战斗都被唐军击败。然而一波未平一波又起，一直比较安稳的四川地区却忽然连续遭到吐蕃的侵扰，一时之间剑拔弩张，到处都能听到士兵操练的鼓角之声。时时关心局势的杜甫自然也很快察觉到了异样。有一日他骑马到野外，极目远眺国土山河，不禁十分感慨，作《野望》一诗，云：

西山白雪三城戍，南浦清江万里桥。海内风尘诸弟隔，天涯涕泪一身遥。唯将迟暮供多病，未有涓埃答圣朝。跨马出郊时极目，不堪人事日萧条。

山外有山，万里桥长，登高望野的杜甫更加思念远隔天涯的弟弟，不禁老泪纵横。况且在国家存亡、成都危难之际，自己却因年老多病，不能为国家做出更多的贡献，只能看着人间日益萧条。这首诗写出了杜甫对自己年华衰老、不堪重用的愧疚与怅惘，也写出了对时局和百姓的忧虑与悲叹，情感真挚，催人泪下，是杜诗七律的代表作之一。

这年的秋天，杜甫还写了著名的《茅屋为秋风所破歌》：

八月秋高风怒号，卷我屋上三重茅。茅飞渡江洒江郊，高者挂罥（juàn）长林梢，下者飘转沉塘坳（ào）。南村群童欺我老无力，忍能对面为盗贼。公然抱茅入竹去，唇焦口燥呼不得，归来倚杖自叹息。俄顷风定云墨色，秋天漠漠向昏黑。布衾多年冷似铁，娇儿恶卧踏里裂。床头屋漏无干处，雨脚如麻未断绝。自经丧乱少睡眠，长夜沾湿何由彻。安得广厦千万间，大庇天下寒士俱欢颜，风雨不动安如山。呜呼！何时眼前突兀见此屋，吾庐独破受冻死亦足！

一场暴风卷走了浣花草堂屋顶上的茅草，南村的一群孩子将茅草抱走，年老的杜甫又怎能追得上顽皮的孩童。屋漏偏逢连夜雨，此时的秋雨不复曾经的温柔，只觉寒冷彻骨。而在这样的艰苦环境之下，彻夜未眠的杜甫所想的仍然不是自身的苦难，而是不知有多少百姓此刻也正在秋风秋雨中瑟瑟发抖。因为自己淋过雨，所以想为别人撑一把伞，杜甫大声疾呼，希望能有足够多的房屋为老百姓遮风避雨，使他们不再忍饥受冻、流离失所。如果能实现这样的愿景，就算失去自己的庇护之所，活活冻死也心甘情愿。这首诗前面大段的篇幅写茅屋被秋风所破的实景，写屋里的冷和湿，突然一句"安得广厦千万间"，将诗意转到一个很高的理想上去。不但如此，当他希望天下受寒的百姓"风雨不动安如山"之后，又突然用一句"呜呼！"情绪再转，本来已经很高的理想，经此一转，变得愈发高贵："何时眼前突兀见此屋，吾庐独破受冻死亦足！"这让诗歌的末尾，接连出现两次高潮，而诗歌前面所见的种种苦难与哀伤，恰恰可作为诗末两次高潮的铺垫。我们于此可以见到杜甫诗风狂放豪壮的一面。

蜀相与花卿

除了在草堂附近散步、到野外登高望远以外，杜甫还会去参观游览一些成都的著名景点。《蜀相》就是杜甫定居浣花草堂第二年游览武侯祠时创作的一首咏史怀古诗。武侯祠是蜀汉丞相诸葛亮的祠堂，坐落在成都城外柏树最为浓密的地方。诸葛亮，字孔明，号卧龙。他曾隐居于襄阳隆中，刘备三顾茅庐才请得他出山。刘备在成都建立蜀汉政权，诸葛亮被任命为丞相，主持朝政。诸葛亮一生鞠躬尽瘁，出师伐魏未捷而中途在军中因病去世。后主刘禅追封其为忠武侯，世称武侯。诸葛亮的品格与精神，和杜甫本人"穷年忧黎元，叹息肠内热"，"致君尧舜上，再使风俗淳"的追求十分相似。杜甫一生都很敬佩诸葛亮，写有十几首吟咏武侯的诗歌，其中以这首《蜀相》最为著名。此诗借游览古迹，表达了对诸葛亮雄才大略、忠君爱国精神的由衷赞赏，也表达了对他功业未成身先死的惋惜和惆怅。诗曰：

丞相祠堂何处寻，锦官城外柏森森。映阶碧草自春色，隔叶黄鹂空好音。三顾频烦天下计，两朝开济老臣心。出师未捷身先死，长使英雄泪满襟。

这首诗的首联和颔联写祠堂之景，颈联和尾联将视角转到人物身上，情景交融，情真意切。尤其是"出师未捷身先死"这句，现在已经成为形容诸葛亮的经典名句，被后人传颂。

这时候各地战争频繁，武臣大都做了高官，嚣张跋扈，且相互攻伐。成都的武人也不能免俗。上元二年四月，梓（zǐ）州（今四川三台）刺史段子璋赶走绵州（今四川绵阳）的东川节度使李奂，自称梁王，改元黄龙，以绵州为黄龙府。杜甫在《剑门》一诗中的预言转瞬成真。此时的剑南节度使是崔光远，他在五月率西川牙将花敬定攻克绵州，斩杀段子璋。而花敬定可能觉得自己斩杀段子璋有功，便开始烧杀抢掠，无恶不作。士兵看到戴着金银镯（zhuó）钏（chuàn）的妇女，便将她们的手腕强行砍下，数千人在这次可怕的强盗行径中丢掉了性命。而且花敬定还有不臣之心，他常常不遵守当时的制度，在私人宴会上用朝廷的礼乐。杜甫曾写过两首关于花敬定的诗。

戏作花卿歌

成都猛将有花卿，学语小儿知姓名。用如快鹘（gǔ）风火生，见贼唯多身始轻。绵州副使著柘（zhè）黄，我卿扫除即日平。子璋髑（dú）髅（lóu）血模糊，手提掷（zhì）还崔大夫。李侯重有此节度，人道我卿绝世无。既称绝世无，天子何不唤取守京都。

赠花卿

锦城丝管日纷纷，半入江风半入云。此曲只应天上有，人间能得几回闻。

若不结合当时的背景和花敬定的行为，这两首诗读起来似乎都是赞扬和称颂之语，但其实它们都是杜甫在委婉地批评花敬定不应该再逗留蜀地滋生祸事，也不应该僭（jiàn）越使用皇家音乐。"此曲只应天上有"，"天上"这里比喻天子和皇室，既然这音乐只能皇家来欣赏，那么，你花卿奏这个音乐，意欲何为呢？碍于武将的淫威，杜甫只能以这样的曲笔来记之，但终归能让后世知道，在这场似乎大获全胜的平乱背后，有无数无辜受难的冤魂。

口无遮拦与穷开心

经历了无数磨难的杜甫，此时不再像当年为房琯上书求情时那般横冲直撞，但他依旧会为了受难百姓和不公之事而口无遮拦、大声疾呼，这就是这位人民诗人的生命底色。在草堂里，杜甫曾写过一首名为《江上值水如海势聊短述》的诗，其中一句是："为人性僻耽佳句，语不惊人死不休。"这句诗不仅体现了杜甫对诗歌创新性的追求，也在一定程度上体现了他口无遮拦品评时事的风格，偏要作那石破天惊之语。《病橘》《枯棕》《病柏》等一系列暗含讽刺之意的作品便作于这一时期。《病橘》是一首讽刺统治者为满足口腹之欲而残害百姓的作品，希望唐肃宗能停止贡橘之事。《枯棕》则写棕榈（lú）树本来应该像松柏一样常年青翠，却因过量剥皮，比蒲柳衰谢得还早。当时战乱不休，棕榈树皮也成了军用物资而被掠夺殆尽，树犹如此，那些常年被盘剥的百姓更是苦不堪言，诗曰：

蜀门多棕榈，高者十八九。其皮割剥甚，虽众亦易朽。徒布如云叶，青黄岁寒后。交横集斧斤，凋丧先蒲柳。伤时苦军乏，一物官尽取。嗟尔江汉人，生成复何有。有同枯棕木，使我沉叹久。死者即已休，生者何自守。啾啾黄雀啅（zhào），侧见寒蓬走。念尔形影干，摧残没藜莠（yǒu）。

《病柏》一诗中的病柏象征由盛而衰的唐朝，丹凤代表被排挤在外的贤人，鸱鸮（xiāo）则象征奸佞（nìng）小人。诗人借用三个意象表达了对皇帝亲小人远贤臣的担忧和批评。

此时的杜甫并不好过，常常为了生计发愁。虽然不像在鄜州和同谷时那般窘迫，但是依然无法保证衣食无忧。他初到成都时，便仰仗一位故人分赠禄米，一旦这位故人的书信断了，一家人就又得忍饥挨饿。总依赖他人自然不是长久之计，杜甫便开始在草堂周围种些农作物，但产量微薄，不足以养活一家人。由于长期挨饿，孩子们个个面色苍白，有时还会很不讲礼数地向杜甫大叫着要吃饭。杜甫将这些经历写在了《百忧集行》这首诗中，诗曰：

忆年十五心尚孩，健如黄犊走复来。庭前八月梨枣熟，一日上树能千回。即今倏（shū）忽已五十，坐卧只多少行立。强将笑语供主人，悲见生涯百忧集。入门依旧四壁空，老妻睹我颜色同。痴儿未知父子礼，叫怒索饭啼门东。

为了生计，杜甫不得不低头，"摧眉折腰事权贵"，写诗写文向众人寻求救济。

好在杜甫还有高适和严武两位旧友。高适于上元元年前半年为彭州（今四川彭州）刺史；严武于乾元二年为巴州（今四川巴中）刺史，后入京为太子宾客兼御史中丞；上元二年年末，朝廷任命严武为成都尹，兼剑南节度使。在严武未到成都时，高适代理了一两个月。这两个人，一个是曾与杜甫梁宋漫游的旧友，一个是因房琯而结识的老友。杜甫的生活因他们的资助变得好过了许多。而且在杜甫看来，这些资助更多出于友情，让他没有那么难堪。

高适暂代成都尹期间，曾到草堂来做客，还经常给杜甫送米粮。杜甫在《酬高使君相赠》一诗中提到过这件事：

古寺僧牢落，空房客寓居。故人供禄米，邻舍与园蔬。双树容听法，三车肯载书。草玄吾岂敢，赋或似相如。

两人的关系要好到若高适偶尔接济不及，杜甫就会直接提出来："百年已过半，秋至转饥寒。为问彭州牧，何时救急难？"（《因崔五侍御寄高彭州》）而且因为高适比杜甫年纪要大，头发白得更多，杜甫还会跟高适开玩笑说他"头白恐风寒"。宝应元年（762年），严武到成都上任后，常常带着小队人马来到浣花溪畔拜访杜甫，有时还带来美酒共饮。杜甫还曾到府尹厅中参加宴会。从761年冬到762年春，成都大旱，杜甫写《说旱》一文。他希望严武能够亲自审讯狱里的囚犯，以减少冤假错案；除了死刑犯以外，应该将其他犯人全部释放，以减少民间的怨气，那么上天就一定会降雨。严武真的采纳了杜甫的建议，上天也真的降下了一场甘霖。杜甫的这些建议在今天看来比较迷信，但在古代却是很正常的行为。严武采纳建议也体现了他对杜甫的重视，这对于常年不受赏识、怀才不遇的杜甫来说，自然是甘之如饴的。

在两位好友的照顾下，杜甫的生活虽然还很清贫，但也自得其乐。这段时期，杜甫还与许多画家朋友有所交往，并写下了不少题画诗，比如他曾为著名山水画家王宰的画作写了一首《戏题王宰画山水图歌》，遗憾的是王宰的画作没有流传下来，我们只能通过杜甫的诗句欣赏画作原貌了，诗曰：

十日画一水，五日画一石。能事不受相促迫，王宰始肯留真迹。壮哉昆仑方壶图，挂君高堂之素壁。巴陵洞庭日本东，赤岸水与银河通，中有云气随飞龙。舟人渔子入浦（pǔ）溆（xù），山木尽亚洪涛风。尤工远势古莫比，咫尺应须论万里。焉得并州快剪刀，剪取吴淞半江水。

唐代还有一位著名画家名叫韦偃，善画鞍马，与曹霸、韩干齐名。杜甫也曾为他写下《戏为韦偃双松图歌》《题壁上韦偃画马歌》的题画诗。

除了以上这些朋友，杜甫与邻居的关系也很不错，浣花草堂周围只有零星几户人家，邻里之间都非常熟悉。杜甫家南边的邻居叫朱山人，他与杜甫的关系最为密切。这个朱山人虽然家境贫寒，但品格却很高尚，杜甫认为他"多道气"，还常常会效仿他。杜甫曾作《南邻》一诗，诗云：

锦里先生乌角巾，园收芋栗不全贫。惯看宾客儿童喜，得食阶除鸟雀驯。秋水才深四五尺，野航恰受两三人。白沙翠竹江村暮，相对柴门月色新。

杜甫家北边的邻居应该是个退隐的县令，此人为人也如清风明月，常来找杜甫对饮。杜甫在《北邻》一诗中用"爱酒晋山简，能诗何水曹"来称赞他。山简是西晋时期的名士，他的父亲是"竹林七贤"之一的山涛。而何水曹就是南朝梁著名诗人何逊，杜甫对他十分欣赏，前面提到的诗句"细雨鱼儿出，微风燕子斜"就脱胎于何逊的名句"游鱼乱水叶，轻燕逐风花"。以山简、何逊来称赞他，足可见杜甫对这位邻居的欣赏。

杜甫还有位邻居叫斛斯融，他和杜甫都是洛阳人，都很爱喝酒和写诗文，也同样穷困潦倒。有一次他跑到南郡去索要做碑钱，很长时间都没回来，杜甫很是担心，作《闻斛斯六官未归》，诗云：

故人南郡去，去索作碑钱。本卖文为活，翻令室倒悬。荆扉深蔓草，土锉冷疏烟。老罢休无赖，归来省醉眠。

诗中对斛斯融一生的悲惨命运表达了深深的同情和叹息。草堂周围其他的邻居大都是普通的农民，杜甫与他们的关系也非常融洽。这些邻人虽然同样贫穷，但只要稍宽裕一些就会给杜甫送来蔬菜和粮食，杜甫也常把自己种的草药回赠给他们。但凡邻居们邀请，杜甫都愿意前往赴约，他在《寒食》诗中说"田父要皆去，邻家问不违"。

《旧唐书·杜甫传》中批评杜甫"与田夫野老相狎（xiá）荡，无拘检"，宋人杨亿也嘲笑杜甫为"村夫子"。在他们看来，杜甫这种和农民打成一片的生活有辱斯文、有失体统，但这正体现了杜甫乐于深入群众，所以他才能写出那么多真情实感、感人至深的诗歌。杜甫既谈笑有鸿儒，又往来有白丁，他在成都的生活虽然清贫，但也因为有了这些朋友而可以嘻嘻哈哈穷开心。《遭田父泥饮美严中丞》一诗生动地描绘了他和农民之间的深厚友谊，诗云：

步屧（xiè）随春风，村村自花柳。田翁逼社日，邀我尝春酒。酒酣夸新尹，畜眼未见有。回头指大男，渠是弓弩手。名在飞骑籍，长番岁时久。前日放营农，辛苦救衰朽。差科死则已，誓不举家走。今年大作社，拾遗能往否？叫妇开大瓶，盆中为吾取。感此气扬扬，须知风化首。语多虽杂乱，说尹终在口。朝来偶然出，自卯将及酉。久客惜人情，如何拒邻叟？高声索果栗，欲起时被肘。指挥过无礼，未觉村野丑。月出遮我留，仍嗔问升斗。

　　那时杜甫正在春风中散步，一位老翁热情地邀请他品尝春酒。老翁一边畅饮一边赞颂了成都尹严武的卓著政绩。在各地兵役制度严苛的情况下，严武竟能让这老翁做弓箭手的儿子回家务农，因而老翁感激涕零，决定从此留在成都。杜甫与老翁相谈甚欢，从天明喝到天黑，从小杯喝到大瓶，不觉得酒水寡淡，也不觉得农家简陋，更不觉得与老翁有阶层之分。

　　但是好景不长，宝应元年四月，玄宗和肃宗先后去世，代宗李豫即位，七月便召严武入朝。杜甫将严武一直送到绵州，在奉济驿依依惜别。在送严武的《奉送严公入朝十韵》一诗中，他说自己是"此生那老蜀？不死会归秦"，严武入朝，让杜甫等人觉得房琯一派又有了抬头的希望，杜甫认为自己绝不会在蜀地终老，一定要争取回到关中。同时他又勉励严武在政治上多多努力："公若登台辅，临危莫爱身！"一时间，杜甫的前途看起来充满了希望。

锦官城

成都的别称。

三国蜀汉时期，成都织锦业发达，专设锦官管理，并建立锦官城保护蜀锦制作，因此，后世以"锦城"或"锦官城"作为成都的别称。

南朝梁李膺的《益州记》中有写："锦城在益州南笮桥东，流江南岸。皆蜀时故锦官处也，号锦里，城墉犹在。"

鞠躬尽瘁

形容谦恭谨慎，竭尽全力效劳。瘁：劳累，疾病。

出自三国蜀诸葛亮《后出师表》："臣鞠躬尽瘁，死而后已。至于成败利钝，非臣之明所能逆睹也。"意思是，臣唯有谦恭谨慎，尽力效劳，到死方休。至于伐魏兴汉是成功还是失败，是顺利还是困难，那是臣下的智力所不能预见的。

竹林七贤

　　指魏晋时期的七位士人，分别是嵇康、阮籍、刘伶、山涛、向秀、王戎和阮咸。这七个人常聚在当时的山阳县（今河南修武一带）竹林之下，饮酒、纵歌、谈玄，不拘礼法，不入仕途，被世人称为"竹林七贤"。

　　出自《世说新语》："陈留阮籍、谯国嵇康、河内山涛，三人年皆相比，康年少亚之。预此契者：沛国刘伶、陈留阮咸、河内向秀、琅琊王戎。七人常集于竹林之下，肆意酣畅，故世谓竹林七贤。"

九

杜工部

在梓州

梓州，在今四川省绵阳市三台县，辖境为今四川三台、中江、盐亭、射洪等县地。宝应元年七月，杜甫送严武还朝，送到了绵州奉济驿，回程时得知剑南兵马使徐知道叛乱，此时兵凶战危，杜甫暂时回不去成都了。于是，他只好去梓州躲避兵乱。

杜甫投奔的是梓州刺史兼东川留后章彝。章彝曾是严武的属下，自然也是杜甫的旧识。作为严武所看重的人，章彝对杜甫还是不错的。杜甫虽在梓州安顿了下来，但是他的家小还在成都，难免令他时时挂念。他写有《客夜》一诗记录当时的心情：

客睡何曾着，秋天不肯明。卷帘残月影，高枕远江声。计拙无衣食，途穷仗友生。老妻书数纸，应悉未归情。

首联被历代评论家激赏不已，因为这两句写得太真实、太朴素了！它达到了古诗的最高境界——返璞归真。它没有刻意描写长夜漫漫思乡的羁旅之人是怎样难以成眠，只是用口语化的语言说"客睡何曾着"。一个"何曾"，让人觉得在这长夜之中沉沉睡去，反而是不正常的事情，压根儿睡不着才是真实的情形。秋夜的天空啊，就是不肯亮起来。一个"不肯"，让人觉得秋夜是如此漫长，就好像它故意不肯、不愿亮起来一样。这两句诗，如果不是常在羁旅之中，又常与妻儿分离的人，是断然不会写得这样真切的。

次联写卷起的帘幕，照进来残月的影子，远处传来涪（fú）江江水流动的声音。这两句诗写的是睡不着的人，在夜晚所看到的景象、所听到的声音。如果是没有心事很快入眠的人，自然不会看到残月的影子透过帘幕照进屋中，也不会听到远处江水的声音。能看到月影，能听到江水声，恰恰说明了这人一夜都没睡着。这恰好是对首联那两句诗的回应。

接下来是"老杜"后半生的常态了，"计拙无衣食，途穷仗友生"，不善于谋生，无衣无食，穷途末路，只能靠朋友。这句诗里所说的朋友，泛指杜甫此时在梓州的友人，正有俗话所说"在家靠父母，出门靠朋友"之意。

尾联写给妻子的几封书信，她收到后，应该已经了解我为什么没有回成都了吧。毕竟，原本只是出门给严武饯行，从此没回家，而是到了另一个地方，自然是要好好解释一番的。末尾这两句诗，看起来是在宽解自己，但从诗意看，也是杜甫自己的揣测之辞，因为兵乱之中，妻子有没有收到信，有没有了解自己的窘境，杜甫也不知道啊。所以这末尾二句，看起来是宽慰，只不过是强自安慰罢了。

当然，杜甫的妻子肯定是收到了他写的书信，因为这年的晚秋时节，杜甫就请人将妻儿送到了梓州，一家团聚了。

家人团聚，生活安定，杜甫也有了出游的心思，这年十一月，他去射洪（今四川射洪）参观了陈子昂的故居。陈子昂是何许人也？

陈子昂的是梓州射洪人，出生于唐高宗显庆四年（659年），名门之后。他的父亲陈元敬，慷慨侠义，仁慈果敢，对陈子昂的人品和学识影响甚深。有一年，梓州发生了大饥荒，百姓生活困难，陈元敬将自家的粮仓打开，赈济灾民。而且直到度过灾年，他也没有向百姓索要任何回报，更没有向当地官府邀功请赏，甚至不再主动提起此事。从此，陈元敬的侠义之名，传遍了八方。

有这样豪侠的父亲，陈子昂从小耳濡目染，自然也颇有乃父风范，少聪颖，性豁达，好交游。只是有一点让人头疼，就是陈子昂特别贪玩，到了十七八岁，还不知道读书。

不过凡是天纵之才，总会有个契机来崭露头角。

有一天，陈子昂和几个赌徒混在一起，在街上闲逛。走着走着，忽然看到前面有个院子，许多身穿儒衫的年轻人进进出出。反正也是无事，陈子昂就顺脚拐了进去，才知道这是射洪地方上的乡学。

陈子昂进了乡学，看到简朴庄重的讲堂、认真读书的士子，也不知道怎么回事，突然间他就好像醍醐灌顶一样："呀！大家都在努力学习上进，可是我在干什么啊！"他回想起十八年来的生活，真是虚度了光阴啊。

陈子昂当即和赌徒们告别，回到家里，闭门苦读，研习古代典籍。几年下来，遍涉经史百家，学问和见识有了提高，还成功开发出了自己的文学潜能，他写的诗文，看过的人都说有汉代辞赋家司马相如和扬雄的风采。

二十一岁那年，陈子昂来到了京城长安，进入太学读书。

陈子昂初来乍到，无背景无门路，想要出人头地，真是太难了。换成一般人，只会老老实实地把自己的作品抄个百余份，到处投递，希望有朝一日能够有幸得到某位大人物的青睐。而陈子昂不愿走寻常路，他在寻找机会，希望不鸣则已，一鸣惊人。还别说，真让他等到这样一个机会。

话说长安城有两大集市，分别是西市和东市。这两大集市是当时全国工商业贸易中心，商贾（gǔ）云集，店面林立，从传统特产、日常生活用品，到奇珍异宝、稀有动物，还有各种新奇的事物，琳琅满目，应有尽有。一天，有人在集市上卖胡琴，开价百万钱。胡琴来自西域，在长安城并不常见，因此许多名士贵人都围过来看，但谁也不知道这是何乐器，该怎样弹奏。这时，陈子昂从人群中走了出来，对自己的侍从说："去，用车装一千缗钱来，我要买下这把琴。"

围观的人一听，纷纷看向陈子昂，认为他一定是个识货的！于是，有人就向他请教，这到底是个什么乐器，如何弹奏。陈子昂向众人拱手见礼，说："我很会弹奏这个琴。"大伙的好奇心一下子被激起来了，都满怀期待地望着陈子昂，说："能不能弹奏一曲，让我等开开眼？"

只见陈子昂不紧不慢，作了个揖，说："大家如果想听我弹奏此琴，明天可以到宣阳里我的住处来，到时我给大家演奏。"这时，侍从也把钱送来了，陈子昂与卖家完成交易，就抱着琴施施然而去。

这桩异事，一夜之间就传遍了长安城。当时天下太平，好事者众多，这种热闹，谁会错过？第二天，长安城中的王公贵胄、名人雅士，纷纷来到了陈子昂的住处。陈子昂备下丰盛的宴席，招待宾客。大家吃饱喝足，氛围达到高潮，陈子昂便命人将胡琴取了出来。他看了看众人，朗声说道："我，蜀人陈子昂，作文百轴（唐代书籍抄在绢帛之上，卷起来为一轴），来到京城繁盛之地，却一直默默无闻，不为世人所知。胡琴，是乐工的技艺，我等有心于治国平天下的读书人，为什么要沉迷于这种雕虫小技！"

这番话，震惊了座上所有的宾客，没想到这还没结束，只见陈子昂高举胡琴，猛地往地上一摔——胡琴被摔得四分五裂。要知道，陈子昂可是用一千缗钱的天价买下的这把琴啊！但陈子昂不以为意，随即将自己所作诗文的抄本，一一赠给各位贵客。就这样，一日之内，陈子昂名震长安！

以如今的眼光来看，陈子昂实际上是完成了一次非常成功的营销，他所推销的不是商品，而是自己。花高价买下胡琴引起众人的兴趣，又在众目睽睽之下将它摧毁，利用这种反常的举动，将大家的注意力集中到自己身上，从而成功打破壁垒，达到了与目标群体交流的目的，也很好地推销了自己。

真是个有大智慧的人啊！

杜甫拜谒陈子昂的故居后，创作了《陈拾遗故宅》诗：

拾遗平昔居，大屋尚修椽。悠扬荒山日，惨澹故园烟。位下**碣**（hé）足伤，所贵者圣贤。有才继骚雅，哲匠不比肩。公生扬马后，名与日月悬。同游英俊人，多秉辅佐权。彦昭超玉价，郭振起通泉。到今素壁滑，洒翰银钩连。盛事会一时，此堂岂千年。终古立忠义，感遇有遗编。

杜甫一生，除了青年时期，生活的重担一直压在双肩，气质上也以沉潜为主。他和陈子昂的出身与个性都不同，完全是两种不同类型的人，但这并不妨碍他对陈子昂超凡才华的仰慕。他到陈子昂的故居参观，目之所及，皆是陈子昂生平行事的踪迹。而他看重陈子昂有三点：第一点是陈子昂虽然位处下僚，但能遵从圣贤之道。陈子昂最后的官位不过是右拾遗，但曾以王者之道进谏武则天，说明陈子昂虽然位卑，但品行端正。第二点是陈子昂才华超凡。所谓"有才继骚雅，哲匠不比肩"，陈子昂继承的是屈原的《离骚》和《诗经》的"大雅小雅"，同时期的诗人，很难与他比肩。第三点是陈子昂的忠义之性。所谓"终古立忠义"，其实忠义之性与第一点的圣贤之道是相连并通的。凡是遵从古代圣贤之道的，必然会有忠义之性。"感遇有遗编"，是指陈子昂的著名组诗《感遇》，其中第三十五首陈子昂自言其志：

本为贵公子，平生实爱才。感时思报国，拔剑起蒿莱。西驰丁零塞，北上单于台。登山见千里，怀古心悠哉。谁言未忘祸，磨灭成尘埃。

这首诗算是陈子昂的自述，其中最著名的诗句就是"感时思报国，拔剑起蒿莱"。丁零塞、单于台，都是古代与北方民族的争战之地。陈子昂在这首诗里讲清楚了报国与拔剑的关系：正是因为要报效国家，所以才会拔剑而起于草莽之中。这首诗一直以悲壮而沉郁的气质，以及充盈其中的爱国主义精神，激励着后世无数志士仁人奋起抗争。

杜甫如此肯定陈子昂的种种特质，想来一定也有"夫子自道"的成分在其中。杜甫曾被任命为左拾遗，和陈子昂的职位一样；陈子昂坚持圣贤之道，杜甫亦然；陈子昂才华卓绝，杜甫也不落人后，他的《戏为六绝句》之六曰："未及前贤更勿疑，递相祖述复先谁？别裁伪体亲风雅，转益多师是汝师。"杜甫始终以风雅传统作为文学创作的根源，他的作品更是达到了中国古典诗歌的巅峰。此外，陈子昂的忠义之性，与杜甫更是完美契合，毕竟，"老杜"在后代有"一饭不忘君"的美名啊！

拜谒完陈子昂，杜甫又去通泉，游览了通泉山，然后回了梓州。

剑外忽传收蓟北

在梓州过完了新年，广德元年的春天，一个好消息从京城传来了：史朝义兵败自杀，纷纷扰扰了近八年的安史之乱，终于结束了！

这对于在战争中几乎耗尽了财富和气运的唐王朝，对于在战争中流离失所、家破人亡的百姓，对于在战争中漂泊辗转数千里的杜甫一家来说，都是天大的好消息！杜甫兴奋之余，写下了千古名篇《闻官军收河南河北》：

剑外忽传收蓟（jì）北，初闻涕泪满衣裳。却看妻子愁何在，漫卷诗书喜欲狂。白日放歌须纵酒，青春作伴好还乡。即从巴峡穿巫峡，便下襄阳向洛阳。

"剑外"，指剑门关外，也称剑南，即蜀地。杜甫此时在梓州，故称"剑外"。蓟北指河北北部的幽州一带，是安史叛军的大本营。广德元年正月，叛将李怀仙以幽州降于唐王朝，史朝义败走广阳，自缢于林中，河南、河北广大地区都被唐王朝收复。这就是"剑外忽传收蓟北"的意义。诗人用了"忽传"二字，表明这个消息来得无比突然，又无比令人惊喜。

杜甫多年来颠沛流离，留滞于剑南，突然听到战乱平定的消息，不禁悲喜交集，悲的是从国家到个人经历了这么多年的苦难，喜的是苦难终于有了尽头，种种浓烈的情感纷至沓来，不由得"涕泪满衣裳"。

"却看"，是回看、回顾的意思。大喜之下，回看妻子儿女，这些年来一直跟着自己漂泊不定，受尽苦难，如今再也不用发愁了，一家人一定能够回到中原！哪里还需要发愁，还需要踌躇呢？"漫卷"的意思是随手卷起诗书。大概杜甫当时正在看书，忽然听到胜利的消息，哪里还有心情继续看书，于是随手卷起来，搁置一边。诗人欣喜若狂的模样如在眼前。

"白日放歌须纵酒，青春作伴好还乡"，虚写想象中的回乡路程。"白日"，有的版本作"白首"，白日放歌，与上面的"喜欲狂"同一意思；若是白首放歌，就更多了岁月蹉跎、年华老去的悲怆。如果和下句联系起来，还是"白日放歌"比较稳妥。为什么呢？因为这是古典诗词的一种创作手法，袭用旧句又加以创新。杜甫袭用的是《楚辞·大招》中的一句："青春受谢，白日昭只。"其中"青春"和"白日"是相对的。杜甫特别喜欢这两个词的相对使用，比如他在长安时所写的《乐游园歌》："青春波浪芙蓉园，白日雷霆夹城仗。"还有《题省中院壁》："落花游丝白日静，鸣鸠乳燕青春深。"因此可见，《闻官军收河南河北》一诗中应是"白日放歌"和"青春作伴"相对。那么，青春是什么意思呢？此处青春指的是草木青绿的春季。青春作伴好还乡，此情此景，鲜明生动，令人喜悦。

　　尾联写想象中的回乡路线。杜甫当时在梓州，取水路回洛阳，就得沿着涪江顺流而下，经射洪、合州，由渝州入长江，出三峡，所以说"即从巴峡穿巫峡"。由长江东下，沿汉水上至襄阳，舍舟从陆，由南阳盆地北上至洛阳，所以说"便下襄阳向洛阳"。"即从""便下"，写出了疾速还乡的气势。

　　这首诗，被称为杜甫"生平第一首快诗"（浦起龙《读杜心解》）。因为杜甫的诗沉重悲郁者多，明快欢畅者少。这首诗一反常态，除了第一句在写事，其他七句都在写情，而且是写喜极欲狂之情。整首诗没有一个字不充满欢喜，没有一个字不充满雀跃之情。从头到尾，一气呵成，绝没有雕琢堆砌的迹象。结尾用想象中的旅程来收束，连用四个地名，疏通了诗歌的气脉，也使得奔腾不已的诗情回归到了理性的轨道。这是唐代七律诗中的经典之作，字字都有着落，字字都用到了化境。而诗中的"忽传""初闻""却看""漫卷""即从""便下"等虚、实字的运用，在乍闻喜讯的仓促之间，写出了杜甫情感上欲歌欲哭的样子，使人千年之后读之一如在眼前。

　　然而，人生不如意十有八九。虽然在听闻胜利消息的瞬间，杜甫欣喜若狂，立刻筹划着回归故乡的事宜，但唐王朝平定安史之乱带有太多的妥协色彩。收复两京及幽州后，政局并没有根本性好转。河北藩镇初步形成，而吐蕃从上半年就开始大举进攻，连续攻陷河（治今甘肃临夏东北）、兰、岷（治今甘肃岷县）、廓（治今青海化隆西）等州。七月，吐蕃入大震关（今陕西陇县西）。十月，陷长安。唐代宗逃往陕州。十一月，吐蕃军退出长安。

在这种情势下，杜甫没有回到洛阳的机会。随着吐蕃兵锋向蜀地逼近，杜甫发现，各地的官员似乎并没有什么反应，依然醉生梦死。如绵州刺史杜济，沉湎于打鱼作乐，而梓州刺史章彝呢，则忙于打猎。这年冬天，杜甫写下一首《冬狩行》来表达自己的心情，并希望章彝能把他的勇武用在和吐蕃的战斗中。诗中有"飘然时危一老翁，十年厌见旌旗红。喜君士卒甚整肃，为我回辔擒西戎。草中狐兔尽何益，天子不在咸阳宫。朝廷虽无幽王祸，得不哀痛尘再蒙。呜呼，得不哀痛尘再蒙！"唐玄宗在安史之乱中出奔蜀地，唐代宗在广德元年逃往陕州，这都是天子蒙尘的大事，所以杜甫写《冬狩行》，不忘勉励章彝要勤劳王事，抵御吐蕃。

在乱世之中，杜甫想离开蜀地的心情无比殷切。这年夏天，他曾去汉州（今四川广汉）拜见房琯。秋天时，他去了阆（làng）州（今四川阆中）三个月，后因女儿生病，妻子忧虑而回到梓州。当时蜀中盗贼蜂起，他在《三绝句》诗中说："前年渝州杀刺史，今年开州杀刺史。群盗相随剧虎狼，食人更肯留妻子？"可见当时四川境内，盗贼众多，治安极坏。"二十一家同入蜀，唯残一人出骆谷。自说二女啮臂时，回头却向秦云哭。"写的是避乱的老百姓被杀害的惨烈情形。而官军也不能信任和依靠，"殿前兵马虽骁雄，纵暴略与羌浑同。闻道杀人汉水上，妇女多在官军中。"与强盗相比，官军的残暴毫不逊色。如此混乱的局面下，杜甫在梓州仍然不能安居，他心心念念的还是沿江东下，转道荆楚之地，北归中原。

就在此时，传来了严武重新出任西川节度使的消息。

严武归来

此时，成都附近松（治今四川松潘）、维（今四川理县东北）、保（今四川理县西北）等州已为吐蕃所陷。西川节度使高适，虽然出兵牵制，但徒劳无功。蜀中的局势，急需能战的重臣出镇。严武在朝中与权臣元载结交，请求出京镇守一方。于是，广德二年，严武被任命为成都尹兼剑南节度使，取代高适，重新出镇成都。严武素来器重杜甫，到任后即给杜甫去信。杜甫此时正在犹豫是东下还是留蜀，收到老友严武的来信，毫不犹豫地回到了成都，回到了他久违了的草堂。

严武见杜甫回来，大喜，向朝廷上书荐举杜甫为节度署中参谋、检校工部员外郎。因为得授这个官职，所以后人也称杜甫为"杜工部"。

杜甫非常乐意辅助严武为国家做些实事。严武这次重回剑南，最重要的任务就是抵抗吐蕃在成都以西的侵扰。杜甫考察西山的形势，撰成了《东西两川说》，详细分析了当时当地的局势：

闻西山汉兵，食粮者四千人，皆关辅山东劲卒，多经河陇幽朔教习，惯于战守，人人可用。兼羌堪战子弟向二万人，实足以备边守险。脱南蛮侵掠，邛（qióng）雅子弟不能独制，但分汉劲卒助之，不足扑灭。是吐蕃冯（凭）陵本自足支也。榷（què）量西山邛雅兵马，卒叛援形胜明矣。顷三城失守，罪在职司，非兵之过也，粮不足故也。今此辈见阙兵马使，八州素归心于其世袭刺史，独汉卒自属裨将主之。窃恐备吐蕃在羌、汉兵小昵，而衅（xìn）隙随之矣。况军须不足，奸吏减剥未已哉！愚以为宜速择偏裨主之，主之势，明其号令，一其刑赏，申其哀悯，致其欢忻（xīn）。宜先自羌子弟始，自汉儿易解人意，而优劝旬月，大浃洽矣。仍使兵羌各系其部落，刺史得自教阅，都受统于兵马使，更不得使八州都管，或在一羌王，或都关一世袭刺史。是羌之豪族，发源有远近，世封有豪家，纷然聚藩落之议于中，肆与夺之权于外已。然则备守之根危矣，又何以藉其为本，式遏（è）雪岭之西哉！

比羌族封王者，初以拔城之功得。今城失矣，袭王如故，总统未已，余诸董攘臂何，王尹之狱是矣。由策嗣羌王，关王氏旧亲，西董族最高，怨望之势然矣。诚于此时便宜闻上，使各自统领，不须王区分易制，然后都静听，取别于兵马使，不益元戎气壮，部落无语；或纵一部落怨，获群部落喜矣。无爽如此处分，岂唯邛南不足忧，八州之人愿贾勇，复取三城不日矣。幸急择公所素谙明了将，正色遣之。

獠贼内编属自久，数扰背亦自久，徒恼人耳，忧虑盖不至大。昨闻受铁券，爵禄随之，今闻已小动，为之奈何？若不先招谕也，谷贵人愁，春事又起，缘边耕种，即发精卒讨之甚

易，恐贼星散于穷谷深林，节度兵马，但惊动缘边之人，供给之外，未见免劫掠。而还赁其地，豪族兼有其地而转富。蜀之土肥，无耕之地，流冗之辈，近者交互其乡村而已，远者漂寓诸州县而已，实不离蜀也，大抵祇（zhǐ）与兼并豪家力田耳。但钧亩薄敛，则田不荒，以此上供王命，下安疲人，可矣。豪族转安，是否非蜀，仍禁豪族受赁罢人田。管内最大，诛求宜约，富家办而贫家创痍已深矣。今富儿非不缘子弟职掌，尽在节度衙府州县官长手下哉！村正里见面，不敢示文书取索，非不知其家处，独知贫儿家处。两川县令刺史有权摄者，须尽罢免。苟得贤良，不在正授权，在进退闻上而已。

　　杜甫到底有没有治国的才能，这点我们不能下定论。但从这篇《东西两川说》来看，他有一定的政治和军事才能，是可以肯定的。这篇论述针对的是处在战乱之中的具体地方的军政关系、民族关系以及社会治理等方方面面，所论的内容切中时弊、洞幽烛微，能够反映出当时剑南所面临的边防上的主要问题。为了安定巴蜀局势，必须加强西山防务，杜甫认为以西山汉羌诸族的兵力，足以抵御吐蕃。之前丢失三城，是兵粮不足的缘故，并不是兵不能战。而羌兵作为主力，急需一位有能力的将领来统一指挥。对于獠人，则应采取招抚之策。此外还有安抚流冗百姓、抑制豪族兼并、均平富户与穷户的种种负担等各项建议。这些建议很详细很缜密，还提出了行之有效的相关对策，体现出杜甫对蜀中军事与政治形势的深刻了解，以及他一贯的对民生问题的忧虑与关切。

　　严武从善如流，任命汉州刺史崔宁为西山统兵官，统一指挥各部兵马。崔宁是严武从山南西道节度使区"拐"到剑南道来的一员良将。早在代宗宝应初年，蜀中秩序混乱，山贼到处截道，严武就曾推荐崔宁任利州（今四川广元）刺史，崔宁一到任，山贼立刻作鸟兽散。当严武再次节度剑南时，在来成都的路上，路过利州，看到崔宁将境内治理得井井有条，就起了爱才之心，想把他招揽到自己的麾下。可是，利州当时归山南西道管，不归剑南道管，严武想要崔宁，还不能直接招揽过来。崔宁很有智慧，和严武一起谋划道："山南西道节度使张献诚很忌惮我，但这个人贪财好利，如果您能以重金收买他，我就可以跟从您了。"严武到了成都，派使者送给张献诚大量奇珍异宝，价值数百金。张献诚十分高兴，严武趁机给张献诚修书一封，请求将崔宁拨给剑南。重赂（lù）之下，张献诚大手一挥，放人！随后，崔宁就来到了剑南，严武上奏朝廷，任命他为汉州刺史。

　　广德二年，吐蕃与诸羌戎部落又攻陷了西山地区的柘（今四川理县西北与黑水县接壤地带）、静（今四川茂县西北）等州。此时朝廷下诏，要求严武收复失地。严武命崔宁统辖西山各部兵马，果然崔宁不负所望，得到了众人的拥护。这年九月，严武下令西征，崔宁领兵，一举收复了维州的滴博岭戍城。眼看着自己的筹划获得了成功，杜甫不禁心潮澎湃，写下了著名的《奉和严郑公军城早秋》诗：

秋风袅袅动高旌，玉帐分弓射虏营。已收滴博云间戍，更夺蓬婆雪外城。

滴博是西山的一个岭名，在今四川省汶川县。蓬婆是吐蕃的一个城，以蓬婆岭得名，在今四川省茂县西南。"云间戍"已经写出滴博岭的高峻，而蓬婆更是地处"雪外"，即雪岭之外。此诗首句写秋，次句写严武的军中纪律严明，分弓授兵，以射击吐蕃人的营垒。后两句"滴博""蓬婆"都是中原少见的地名，听来非常硬朗，于是诗中接以"云间"和"雪外"，将词句柔化，使它们在诗句中相得益彰。

严武的《军城早秋》原诗如下：

昨夜秋风入汉关，朔云边雪满西山。更催飞将追骄虏，莫遣沙场匹马还。

严武的原诗，是盛唐边塞诗歌的常态。与严武诗歌的英武相比，杜甫的和诗看起来，就要细腻很多了。

严武这次进军收获很大，连续收复了当狗城（今四川理县西）和盐川城（今四川理县北）。在收复当狗城时，城的四周都是砾石，地面坚硬，无法挖掘，攻城器械没有办法使用，只有城东南有丈许的土地可以挖开。崔宁命令士卒在这一小块地方挖掘地道，昼夜不停，两天之后，大军从地道攻进城中。其后扩展胜果，开拓土地数百里，吐蕃人称崔宁大军为"神兵"。后来由于粮食不济，唐军被迫撤回。严武用七宝装饰的肩舆将崔宁迎入成都，以此荣耀他的功绩，并大加赏赐。

但是，严武性格急躁，在成为一方节度使之后，为政严厉，对于崔宁这样的良将，他动不动就赏赐巨万。巨额的赏赐需要在百姓身上大加征敛才能拿出来，因此在他的治下，民间财力耗费得很快。而且严武还很倔强，一旦认定了一件事，就固执得连他母亲的话都不听。

据《新唐书》记载，在严武重任剑南节度使之后，对杜甫还是比较亲善的。杜甫有些名士气质，有一次他喝醉了酒，来到严武府中，踏上了严武的床，瞪着眼睛乘着酒醉，说："严挺之乃有此儿！"

严挺之，是严武的父亲。在时人看来，对着儿子直呼其父之名，是极大的侮辱。严武将这件事情默默地记下，心里从此就记恨上了。一天，严武忽然集合属下，准备在门前杀掉章彝和杜甫。章彝就是杜甫在梓州投靠的那位刺史，曾是严武的判官，后来外放做了梓州刺史。按理说，章彝是一州的主官，应是有些权力，但不知为何得罪了严武，竟被押到成都，准备施杖刑打死。严武正要出门宣布命令，头上的冠帽挂在门帘上，一时解不开。左右侍奉的人赶快去报告他的母亲，严武的母亲听闻大惊，急忙出来阻止，严武这才放过了杜甫，但还是杀掉了章彝。

《新唐书》中关于此事的记载，现在看来真实性存疑。因为杜甫这一时期的诗中，并没有对这件事情的描写。按照"老杜"的风格，这样的大事一定会形之吟咏。但章彝被杖杀，却是真实发生的事情。严武的所作所为，虽然震慑了属下，但也给人留下批评他的口实。

杜甫于永泰元年（765年）正月退出严武的幕府，与严武过于严苛和随性，应该也有一定关系。他写有《正月三日归溪上有作简院内诸公》一诗："野外堂依竹，篱边水向城。蚁浮仍腊味，鸥泛已春声。药许邻人劚，书从稚子擎。白头趋幕府，深觉负平生。"诗中有对草堂宁静生活的眷恋，也有对自己年老却仍奔走于幕府之中，辜负了平生志向的感慨。这首诗，无疑就是杜甫退出严武幕府的宣示书。

这年四月，严武病死于剑南节度使任上。他的属下郭英乂（yì）和崔宁交兵，打得不可开交，成都形势又乱了。战乱之中，杜甫只得离开了他宁静的草堂，继续向东漂泊。

读故事 学知识

出人头地

意思是比一般人高出一头。后形容德才超众或成就突出。

出自宋代欧阳修的《与梅圣俞书》，苏轼参加科举考试，所写的文章《刑赏忠厚之至论》得到主考官欧阳修的赞赏，就想评为第一名。可是，当时实行糊名制，也就是说阅卷人看不到考生的姓名。欧阳修猜测这篇文章可能是自己的学生曾巩写的，如果评为第一名，担心别人误会他徇私，因此将其评为第二名。等开卷后才知道这篇文章是苏轼写的。

嘉祐二年（1057年），欧阳修在给梅圣俞的书信中曾讲到这件事："读轼书，不觉汗出，快哉快哉！老夫当避路，放他出一头地也。"意思是读苏轼的文章，不自觉地汗出，十分畅快！我应该退让，好让苏轼有机会施展才华。

梅圣俞：梅尧臣，北宋著名诗人。

一饭不忘君

杜甫素来有"一饭不忘君"的美名，以称赞他忠君爱国、忧国忧民。

苏轼曾两次提出此说，一是《王定国诗集叙》："古今诗人众矣，而杜子美为首，岂非以其流落饥寒，终身不用，而一饭未尝忘君也欤。"二是《与王定国四十一首》其八："杜子美在困穷之中，一饮一食，未尝忘君，诗人以来，一人而已。"自苏轼后，这一美名广为传播，被历代杜诗学者引入各类著作。

从善如流

采纳正确的意见就像水从高处流下一样顺畅。

出自《左传·成公八年》，鲁成公八年，晋国栾书率军进攻蔡国，接着又进攻楚的附属国沈国，俘虏了沈国君主揖初。当时晋人认为，这是听从了知庄子、范文子、韩献子的意见。君子曰："从善如流，宜哉。"意思是，采纳正确的意见就像水流向低处一样，这是多么恰当啊。

十

在夔州（上）

从成都到夔州

永泰元年四月，严武死后，杜甫离开成都。五月，他沿着岷江水道出发，经过嘉州（今四川乐山）和戎州（今四川宜宾），来到了渝州。

杜甫在戎州写下了一首《宴戎州杨使君东楼》诗：

胜绝惊身老，情忘发兴奇。座从歌妓密，乐任主人为。重碧拈春酒，轻红擘荔枝。楼高欲愁思，横笛未休吹。

这首诗赞美了戎州的风景，"胜绝"，就是风景绝胜之处。戎州在金沙江和岷江的交汇之处，从嘉州沿岷江东南行游，一路山光水色，景色奇绝，所以杜甫要夸上一声"胜绝"。但首句"胜绝惊身老"，起句很突兀。我们读这首诗，看了第一句，不由得会想，"胜绝"和"惊身老"有什么关系？美丽的景色和自叹年华老去，这之间莫非有什么联系？这就是"诗心"所在了。联想今天的我们，到过的地方越来越多，美好的景色越看越多，年纪和阅历也在不断增加，可是，时间过得真快啊，一转眼就几十年过去了！想到此，我们就能体会杜甫的感受了，他在另一首诗中写道："可惜欢娱地，都非少壮时。"（《可惜》）这种感觉，就和这首诗对上了。

诗中的"重碧"，指的是春酒的颜色，"轻红"，指的是荔枝的颜色。戎州产荔枝，后来北宋的黄庭坚到了戎州，写下"试倾一杯重碧色，快剥千颗轻红肌"（《廖致平送绿荔支为戎州第一王公权荔支绿酒亦为戎州第一》），可以说是向杜甫此诗的致敬之作了。

诗的尾联，登高望远而生愁，这是"极目乡关何处是"的感觉，此时酒筵歌席，未曾消歇，而自己年纪已老，还漂泊在外，真有此时此地难为情之感。满腔的羁旅之愁，涌上了心头。

杜甫沿江东下，来到了渝州，也就是今天的重庆市。杜甫在渝州只留下了一首诗，即《渝州候严六侍御不到先下峡》：

闻道乘骢（cōng）发，沙边待至今。不知云雨散，虚费短长吟。山带乌蛮阔，江连白帝深。船经一柱观，留眼共登临。

从这首诗来看，杜甫原本是打算和朋友严侍御一起沿着长江离开蜀地，但他在渝州等了一段时间，严侍御迟迟未到。于是杜甫决定自己继续前行，"山带乌蛮阔，江连白帝深"，写想象中沿江而下所见到的景色。一柱观，是南朝宋临川王刘义庆在荆州罗公洲所建的道观，规模宏大，主体建筑只有一根柱子支撑，是著名的历史景点。杜甫想表达的是：船经过一柱观的时候，我会忍住好奇，不去参观，等你来了，我们再一起登临胜景。言下之意是，我会在江陵等着你。

但事实上，杜甫并没有如诗中所写，到江陵等朋友，而是到了忠州。

忠州即今重庆忠县。当时，杜甫的侄子在忠州做刺史，看来杜甫原打算在侄儿这儿获得一点儿资助，以便继续他的行程。但是，忠州是个荒凉贫瘠的州县，整个州下辖五县，总共才六千七百户人家，而杜甫的这位侄辈，大概也对他颇为冷落，并没有出手相助。杜甫在《题忠州龙兴寺所居院壁》诗中说：

> 忠州三峡内，井邑聚云根。小市常争米，孤城早闭门。空看过客泪，莫觅主人恩。淹泊仍愁虎，深居赖独园。

这首诗写出了忠州的荒凉、萧条和贫困。市场小，粮食少，所以居民得抢着买米；城门早早关闭，说明治安不好。后面的"愁虎"，说明当地还有虎患，安全堪忧。"过客泪"，指身为过客的诗人。"莫觅主人恩"，指侄辈对自己很不热情，情意凉薄。

在这种失望的情绪中，杜甫没待多久，就离开忠州，继续前行，到了云安（今重庆云阳）。此时，杜甫应该是盘缠用尽，再也无力前行。他到达时，大概是永泰元年九月，离开时则已是大历元年（766年）晚春时节了。其间，杜甫作有《客居》一诗，写他困处云安的窘境，诗中有言"我在路中央，生理不得论"。这是一种穷途末路的境地。杜甫就好像一条搁浅的鱼，被晾在了沙滩上。此时他前行无资斧，后退无钱粮。再加上严武死后，蜀中局势大乱。杜甫被迫困于云安大半年之久。

直到大历元年二月，杜鸿渐被任命为黄门侍郎平章事兼成都尹、剑南西川节度使，入蜀平乱。杜鸿渐虽然庸懦无能，但他代表朝廷而来，崔宁及诸将不能不有所收敛，因而蜀地情势稍有缓和。于是，杜甫便在这年的暮春时节乘舟东下，来到了云安东边一百多里外的夔州（今重庆奉节）。

两年与一生创作的三分之一

杜甫来到夔州后，住了不到两年时间，屡次搬迁，先后住过西阁、赤甲、瀼西、东屯等地。夔州是巴蜀的门户、长江的咽喉，历来是兵家必争之地。而杜甫在此期间留下了大量诗文，更给夔州带来了无上的荣光。

杜甫刚到夔州的时候，居住在西阁。夔州，是长江三峡的第一峡瞿塘峡的起点。此地下临长江，两岸壁立千仞，青葱郁勃，景色雄奇。杜甫在《中宵》诗中写道：

西阁百寻余，中宵步绮疏。飞星过水白，落月动沙虚。择木知幽鸟，潜波想巨鱼。亲朋满天地，兵甲少来书。

古代八尺为寻，西阁高过百尺，可见其险峻。绮疏，指雕刻着花纹的窗户。夜半时分，诗人还没有睡意，起来在窗下闲步。在这万籁俱寂的夜晚，他看到夜空中一颗流星飞快地下坠，掠过水面，落入江中。水边的沙滩，在夜色下白茫茫一片，似乎在微微地波动着。这两句描写景物的动态很见功底。月夜里，"幽鸟""潜波"这两个意象，反映了杜甫面对的选择，因为幽鸟藏在树木的深处，而巨鱼潜伏于水下，代表着隐居蛰伏，这就是《周易》乾卦初爻"潜龙勿用"的意思。杜甫当时贫病交加，想要沿江东下，回归故园，苦无钱财；而安史之乱虽然平定，但天下扰扰攘攘，兵戈不息，返乡之路是否安全，难以确定。夔州虽然偏远，但远地避害，也不失为乱世中的一种生存智慧。对幽鸟和潜鱼的"知"和"想"，正说明了杜甫对两者的羡慕之意。而在这多难之世，虽然亲朋好友遍布天下，却连一封书信都难以收到，哪里谈得上举家寻求他们的帮助呢？这首诗反映了杜甫在夔州的进退两难之感。

杜甫在夔州西阁，一直住到大历二年（767 年）年初，随后就搬到了赤甲山。赤甲山在瞿塘峡的峡口，是当地的名山。北魏郦道元在《水经注》中有关于赤甲山的描述：

江水又东迳赤岬城西，是公孙述所造，因山据势，周回七里一百四十步，东高二百丈，西北高千丈，南连基白帝山。甚高大，不生树木，其石悉赤。土人云，如人袒胛，故谓之赤岬山。

今天的赤甲山位于白帝城东边，在瞿塘峡北岸，与白盐山隔江

相对。北宋以前，一般把赤甲山称作白盐山，而将白帝山北边的子阳山称为赤甲山。西阁在白帝城西，是夔州人烟稠密之处，赤甲的位置相对北面一些，但景色依旧雄奇。杜甫有《入宅三首》，讲述自己移居赤甲之事。

其一

奔峭背赤甲，断崖当白盐。客居愧迁次，春酒渐多添。花亚欲移竹，鸟窥新卷帘。衰年不敢恨，胜概欲相兼。

其三

宋玉归州宅，云通白帝城。吾人淹老病，旅食岂才名。峡口风常急，江流气不平。只应与儿子，飘转任浮生。

"奔峭"，指势如奔涌的山峰。杜甫迁居的宅子，背靠赤甲山，前临断崖，能看到对岸的白盐山。"客居愧迁次"，指旅居在外，不得不多次搬家，添置春酒，以供应酬和日常饮用。花枝较低，被竹子遮挡，需要重新安排一下位置，最好是把竹子移走。鸟儿窥探着新卷的帘子，看来是这里的常客，只不过之前一直没人住，现在有人住进来了，勾起了鸟儿的兴趣。自己已然年老，虽然迁徙不定，无法返回故乡，但面对着这美丽的山色与花鸟的适意，也算是一种幸福吧。

如果说第一首诗是杜甫勉强宽慰自己的话，那么第三首则表达了他滞留在外的无奈。宋玉的故宅在归州（今湖北秭归），位于夔州白帝城的东边，两地风云相通，自己与宋玉贫士失职无所寄托的境况有相似之处。但杜甫随即自谦说，我又老又病，还滞留在他乡，才名也比不上宋玉。现在住的这个地方恰在峡口，风急浪高，看来不宜久居。难道带着妻儿四处漂泊就是我的宿命吗？

杜甫的诗中有着强烈的悲伤之情，"江流气不平"，这个"气"字，用得奇崛。一方面说的是三峡的气势；另一方面，也隐喻了杜甫的胸中意气，终究不能平复。所以，他要再次搬家，这首诗中透露出了消息。

杜甫和家人在赤甲住了两三个月，就在瀼溪的西边租了间草屋，搬了过去。这个地方，在今天重庆市奉节县白帝镇的浣花村，就在白帝城东南角的瀼溪西岸。杜甫有《暮春题瀼西新赁草屋五首》，其中第一首说：

久嗟三峡客，再与暮春期。百舌欲无语，繁花能几时。谷虚云气薄，波乱日华迟。战伐何由定，哀伤不在兹。

不知不觉，这是杜甫在夔州度过的第二个暮春时节了。百舌鸟快要不啼叫了，这里用百舌鸟来比喻季节，因为在民俗物候里，百舌鸟不叫，是在芒种节气后十天，大概相当于公历的六月中旬。诗中所写已是晚春时节，那么，离夏天的到来还会远吗？繁花似锦的春天，又能持续到什么时候呢？这两句不仅是写当时的季节，也寓含了杜甫对时间易逝的感叹，以及长期淹留在外的悲伤。另外，百舌鸟有多嘴多舌的意思，但此时杜甫觉得，自己所处的境况，多说也没用，所以说"欲无语"。瀼西草堂在两山之间的谷地出口处，云气很薄，春天的日光投射在水波上，激起了闪耀不定的幻影，连夜晚都仿佛来得迟些。但是，诗人的哀伤不在于此，而在于蜀地的战乱什么时候才能平定啊！大历二年三月，崔宁击败了剑南东川节度使张献诚，东川也乱起来了。眼看东川和西川都乱了，杜甫不禁心乱如麻，又不知做些什么才好。这首诗反映了杜甫移居瀼西草堂之后的心情，也反映了他关心国事、忠君爱国的情怀。

杜甫移居瀼西，有一个缘由，就是当时任夔州都督的柏茂琳对他很是照顾，委托他代管一百顷公田，以满足杜甫一家老小的生计所需。在瀼西草堂旁边，杜甫买下一个四十亩的果园，又在瀼溪的东岸买下一处园子，修建了房舍，置了一个东屯别业。此时的杜甫，似乎有安定下来的打算，可对家乡的思念始终萦绕在他的心头。于是，在大历三年（768 年）的正月，杜甫离开了夔州，出三峡，开始了他生命的最后一段旅程。

杜甫在夔州只待了不到两年的时间，在他五十九年的生命历程中，只占了三十分之一。但就是在这短短两年中，杜甫留下了四百多首诗歌，将近其现存诗歌总数的三分之一。是什么样的原因和内在力量，使得杜甫在这一时期如此的高产？这是研究杜甫诗的学者非常关心的一个问题。而他在此期间写下的这么多诗歌，也有了自己的名字——"夔州诗"。

追忆与流年

大抵人在青春年少时，时常会想象自己老了之后会是什么样，而当人到了老年时，又总会情不自禁地回首青春年少时的青涩与欢畅、苦闷与忧伤。杜甫在夔州时，年过五十，已步入了他的老年时期，平生的回忆涌上心头。中年时，他为国家和百姓奋笔直书，写作的诗歌可称作国之诗史，而晚年时，他终于有时间来为自己书写诗史了。

大历元年，杜甫在夔州西阁写有《壮游》一诗：

往昔十四五，出游翰墨场。斯文崔魏徒，以我似班扬。七龄思即壮，开口咏凤凰。九龄书大字，有作成一囊。性豪业嗜酒，嫉恶怀刚肠。脱略小时辈，结交皆老苍。饮酣视八极，俗物都茫茫。东下姑苏台，已具浮海航。到今有遗恨，不得穷扶桑。王谢风流远，阖庐丘墓荒。剑池石壁仄，长洲荷芰香。嵯峨阊门北，清庙映回塘。每趋吴太伯，抚事泪浪浪。枕戈忆勾践，渡浙想秦皇。蒸鱼闻匕首，除道哂要章。越女天下白，鉴湖五月凉。剡溪蕴秀异，欲罢不能忘。归帆拂天姥，中岁贡旧乡。气劘屈贾垒，目短曹刘墙。忤下考功第，独辞京尹堂。放荡齐赵间，裘马颇清狂。春歌丛台上，冬猎青丘旁。呼鹰皂枥林，逐兽云雪冈。射飞曾纵鞚，引臂落鹜鸧。苏侯据鞍喜，忽如携葛强。快意八九年，西归到咸阳。许与必词伯，赏游实贤王。曳裾（jū）置醴地，奏赋入明光。天子废食召，群公会轩裳。脱身无所爱，痛饮信行藏。黑貂不免敝，斑鬓兀称觞。杜曲晚耆（qí）旧，四郊多白杨。坐深乡党敬，日觉死生忙。朱门任倾夺，赤族迭罹殃。国马竭粟豆，官鸡输稻粱。举隅见烦费，引古惜兴亡。河朔风尘起，岷山行幸长。两宫各警跸（bì），万里遥相望。崆峒杀气黑，少海旌旗黄。禹功亦命子，涿鹿亲戎行。翠华拥英岳，螭（chī）虎啖豺狼。爪牙一不中，胡兵更陆梁。大军载草草，凋瘵（zhài）满膏肓（huāng）。备员窃补衮，忧愤心飞扬。上感九庙焚，下悯万民疮。斯时伏青蒲，廷争守御床。君辱敢爱死，赫怒幸无伤。圣哲体仁恕，宇县复小康。哭庙灰烬中，鼻酸朝未央。小臣议论绝，老病客殊方。郁郁苦不展，羽翮困低昂。秋风动哀壑，碧蕙捐微芳。之推避赏从，渔父濯沧浪。荣华敌勋业，岁暮有严霜。吾观鸱夷子，才格出寻常。群凶逆未定，侧伫英俊翔。

在这首诗中，杜甫历数自己的生平，从七岁写起，一直写到困处夔州之时。按时间顺序叙事，颇有章法。少年时写自己文章的超越凡侪（chái），被誉为有"班扬之才"。青年时着重写自己在吴、越、齐、赵之地的壮游，各地的史实典故随手拈来，真是有青衫磊落侠客行的志趣。壮年之时，写自己在长安的交游与求仕，以及对当时奢靡的社会风气和繁荣下隐含的危机进行叙述。后段从"河朔风尘起"开始，写平叛战争与诗人的忧国忧民之情。末尾结合自己的现状"老病客殊方"，并对"鸱夷子"继续从事削平藩镇一事，寄以期望。鸱夷子，有研究者认为是指中唐时代的名相李泌，杜甫把政治上有所作为的希望，寄托在他的身上。

此诗有很多悲壮之语，可以说是跌宕豪放，而细细读来，又像是诗人在给自己的人生做总结，豪放中蕴含着细腻情感。这首诗的写作风格，很容易让人联想到汉代司马迁所写的《史记·太史公自序》。司马迁和杜甫都是有家国情怀而又经历过时代变局的人，他们一作文，一写诗，都表现出了同样的风格，都是古代文学史上的代表人物。

另外，杜甫还写有一首《昔游》，篇幅较短，可以说是《壮游》的姊妹篇，重点追述与高适、李白的交游，"昔者与高李，晚登单父台"，以及在时代风云中，大家各有际遇，但高适和李白均已去世，大家再也不能相聚在一起饮酒赋诗了，"不及少年日，无复故人杯。赋诗独流涕，乱世想贤才。"

也许是杜甫觉得《壮游》《昔游》二诗还不足以完全表达自己的感情，他又写了一篇《遣怀》，可以说是《昔游》的补编。

昔我游宋中，唯梁孝王都。名今陈留亚，剧则贝魏俱。邑中九万家，高栋照通衢。舟车半天下，主客多欢娱。白刃雠（chóu）不义，黄金倾有无。杀人红尘里，报答在斯须。忆与高李辈，论交入酒垆。两公壮藻思，得我色敷腴（yú）。气酣登吹台，怀古视平芜。芒砀（dàng）云一去，雁鹜（wù）空相呼。先帝正好武，寰海未凋枯。猛将收西域，长戟破林胡。百万攻一城，献捷不云输。组练弃如泥，尺土负百夫。拓境功未已，元和辞大炉。乱离朋友尽，合沓岁月徂。吾衰将焉托，存殁（mò）再呜呼。萧条益堪愧，独在天一隅。乘黄已去矣，凡马徒区区。不复见颜鲍，系舟卧荆巫。临餐吐更食，常恐违抚孤。

"宋中"，就是今天的河南省商丘市，是古代名城，也是汉代梁孝王的封国梁国的都城。杜甫这首诗，为商丘文化史增添了浓墨重彩的一笔。这几首诗都提到了高适和李白，可见昔年和他们漫游梁宋的经历，在杜甫的记忆里占据着极重的位置，才使得他在夔州时不断提起这段往事。这首诗先叙述商丘的人物风俗，再回忆与高、李登台怀古的快事，神采飞扬。清代的王士禛（zhēn）曾说："每思高、岑、杜辈同登慈恩塔，高、李、杜辈同登吹台，一时大敌，旗鼓相当，恨不厕身其间，为执鞭弭（mǐ）之役。"（《池北偶谈》）王士禛是清代著名诗人，对于大唐王朝的两个名场面——一是高适、岑参、杜甫等人一同登长安的慈恩塔；二是高适、李白、杜甫等人一起登吹台——他心向往之，恨不得自己也能在场，哪怕是做杂役都甘愿。王士禛对这两次交游的倾慕之情，可谓深入骨髓。

而杜甫的忠厚之性，也体现在这首诗中。在叙述吹台之游后，突然接以"先帝正好武"，玄宗好立边功，是我们熟知的，而杜甫作此诗时，高适和李白均已去世，他自己则在夔州老病贫穷，还忍不住惦念着这两位好朋友的遗孤。高适和李白一生好交游，一定都有位高权重的朋友，但在他们死后，还有几人记得这两人的后顾之忧呢？杜甫自己境遇落魄，在夔州只能依附于小军阀柏茂琳，即便如此，他依然时常挂念朋友的后人。这正是杜甫质性纯朴之处。

杜甫生活的时代，正值唐王朝由盛转衰之际。时代的风云，在注重以诗笔来记录现实的杜甫笔下，可谓云卷云舒，曲尽其貌。然而，流年易逝，我们的诗人也渐渐步入了老年。大历二年，杜甫作有《历历》一诗：

历历开元事，分明在眼前。无端盗贼起，忽已岁时迁。巫峡西江外，秦城北斗边。为郎从白首，卧病数秋天。

开元时期，杜甫还是一位翩翩少年，当他白首之时，卧于夔城，回想起唐朝盛世的人物风流、花团锦簇，历历如在眼前。"无端盗贼起"，安禄山的叛乱，当然不是"无端"的，唐玄宗在天宝年间的所作所为难辞其咎。但是，杜甫是忠厚的，也是忠君的，在他看来，用一个"无端"，可以为君之讳，而开元年间的种种善政，也该在历史上具有自身的地位。岁时已迁，年华已逝，他已经从一个少年郎，变成了一位白首老人。"为郎从白首"，指严武再次镇蜀时，举荐杜甫为节度参谋、检校工部员外郎之事。这位老人，只能卧病于巫峡之上的孤城，空有一腔赤胆忠心，挂念着三秦之地的朝廷。

这就是杜甫的追忆与流年。

咏怀古迹

夔州诗的另一个重要主题，就是吟咏古迹。

咏古或者说咏史诗，是中国古典诗歌的传统。借咏史来抒发现实中的感受，能够使诗歌余味悠长，给人以无尽的联想与感怀。

杜甫在夔州，吟咏的第一位古人，就是诸葛亮。

夔州是三国刘备托孤之地。222 年，刘备为报关羽之仇，率军攻吴，在夷陵之战中东吴大将陆逊火烧蜀军大营，刘备败归巫山建平，复还鱼复县，改县名为永安，即今奉节县城所在之地。刘备临终前，在永安宫将太子刘禅托付给丞相诸葛亮，这就是"刘备托孤"。诸葛亮此后在蜀中辅佐后主刘禅，多次出兵北伐，鞠躬尽瘁，死而后已。

作为熟知历史的诗人，来到了前代著名事件的发生之地，该史实的主人公又是受后人尊敬和爱戴的一代贤相，面对着风雨飘摇中的唐王朝，杜甫有着深切的古今相通之感。他到夔州后，就写了《八阵图》一诗：

功盖三分国，名成八阵图。江流石不转，遗恨失吞吴。

古代所谓的八阵，是指以"天、地、风、云、飞龙、翔鸟、虎翼、蛇蟠"等为名称的战斗队列。传说诸葛亮为防御东吴入蜀，在夔州所布的八阵图，称为水八阵。像棋盘上的棋子分布，纵横相当，中间相隔九尺，共六十四堆，周长数里。八阵图的遗迹，杜甫一到夔州就去游览过。此诗的前两句，讲诸葛亮隆中定策，天下三分，功勋卓著，而八阵图反映了诸葛亮的军事才能，在后世有很大的名气。这前两句诗的意思很明确，历来没什么疑问，但是后两句的解释就多了。

据说，北宋著名大诗人苏东坡曾做过一个梦，在梦里他见到了杜甫，杜甫跟他说："东坡啊，世上的人大多误会了《八阵图》诗的本意，我这首诗的后两句，都以为是武侯和先主想给关羽报仇，所以恨不能灭了吴国。这不对，我原本的意思是吴和蜀乃唇亡齿寒、相互依存的关系，不应该互相攻伐。后来晋之所以能够灭了蜀国，不就是因为蜀国有吞灭吴国的想法吗？我遗憾的是这个啊！"

苏东坡的这个梦记载在《东坡志林》中。现在看来，应该是解杜诗的人杜撰的，是一个伪托的梦，只是为了注解杜甫《八阵图》的后两句。

事实上，"遗恨失吞吴"有四种解释：一是以不能灭了吴国为恨；二是蜀国不应当有吞吴之志，以此为恨；三是不能劝阻刘备攻吴，自以为恨；四是以不能用上八阵图，致使刘备攻吴失败，以此为恨。

这四种解释，哪一种更接近杜甫要表达的本意，我们现在已经无法确知了。但是，吴国杀死关羽，刘备出兵为关羽复仇，最起码是一种快意恩仇的表现。它固然不符合在魏国的压力下吴、蜀两国应抱团取暖的战略，却是一种更有人情味的选择。如果是因为刘备没能把握住八阵图的精髓，巩固自己的防守，使敌人无机可乘，反而疏忽大意，连营七百里，被东吴火攻击败，因而空留未能吞吴的遗恨。这种解释，倒是较能为后人所接受。

杜甫在夔州，还作有《咏怀古迹五首》：

支离东北风尘际，漂泊西南天地间。三峡楼台淹日月，五溪衣服共云山。羯胡事主终无赖，词客哀时且未还。庾信平生最萧瑟，暮年诗赋动江关。

摇落深知宋玉悲，风流儒雅亦吾师。怅望千秋一洒泪，萧条异代不同时。江山故宅空文藻，云雨荒台岂梦思。最是楚宫俱泯灭，舟人指点到今疑。

群山万壑赴荆门，生长明妃尚有村。一去紫台连朔漠，独留青冢向黄昏。画图省识春风面，环佩空归月夜魂。千载琵琶作胡语，分明怨恨曲中论。

蜀主窥吴幸三峡，崩年亦在永安宫。翠华想像空山里，玉殿虚无野寺中。古庙杉松巢水鹤，岁时伏腊走村翁。武侯祠屋常邻近，一体君臣祭祀同。

诸葛大名垂宇宙，宗臣遗像肃清高。三分割据纡（yū）筹策，万古云霄一羽毛。伯仲之间见伊吕，指挥若定失萧曹。福移汉祚（zuò）难恢复，志决身歼军务劳。

　　这五首诗是杜甫作品中的名篇。它们分别吟咏了庾信、宋玉、王昭君、刘备和诸葛亮。这五位吟咏对象，应该不是随意选择的。因为杜甫写诗，向来是借古人来抒发自己的情感。

　　第一首咏庾信，大概是杜甫认为自己和庾信的经历和感受有些相似之处。庾信是南北朝梁人，颇有才识。在侯景之乱中，庾信离开建康，往江陵逃难。庾信仓皇逃难的过程，与杜甫在西南的漂泊类似，感怀伤己，古今类同。这首诗前两句"支离东北风尘际，漂泊西南天地间"，就完全是在写杜甫自己的遭遇，因为从他所在的蜀地来看，中原正处于东北方，中原多风尘，指中原的战乱未曾消弭，而诗人已经在蜀地漂泊多年了。诗人在三峡的楼台（指民居）之间飘来飘去，与五溪当地的少数民族混居在一起。对于当地百姓来说，这里是无法割舍的故乡，但对于杜甫来说，只是暂居，心从来都没有真正安定下来，身也从来没有完全适应此地的环境，长久地被迫滞留于此，空自淹留岁月。"羯胡事主终无赖"，指侯景对梁武帝的背叛，而在现实中则影射安禄山、史思明对唐玄宗的背叛。"词客哀时且未还"，指庾信到江陵后，奉命出使西魏，却被西魏扣留，被迫在北朝为官，历时二十七年之久。其间庾信屡次请求放他回南朝去，但考虑到庾信的文名太高，是西魏和北周的文坛领袖，朝廷需要他，所以庾信在北朝的官位不断往上升，最后官至大将军开府仪同三司，但就是不放他回南朝。庾信思乡的情绪难以平抑，他的创作风格也从在梁宫廷时的艳冶，而转为刚健苍劲，富有骨力。因此杜甫在尾联说"庾信平生最萧瑟，暮年诗赋动江关"，就是指庾信创作风格的转变。与此同时，也是在借庾信来比喻自己，杜甫的夔州诗，不也是在平生最萧瑟的时候，孕育出的唐人七律的精品吗？

第二首咏宋玉，是因为宋玉的文采高，与杜甫自身类似，二人是异代同调。宋玉的故宅在归州，处在长江巫峡段，在夔州东边。宋玉是战国鄢（今湖北宜城）人，楚国辞赋作家。他的《九辩》有"悲哉，秋之为气也，萧瑟兮草木摇落而变衰"以及"坎廪兮贫士失职而志不平，廓落兮羁旅而无友生"的名句，写尽了贫士坎坷失职、落拓不遇的哀伤，这与杜甫流离西南、难遇明主的遭遇近似，所以杜甫起句就说"摇落深知宋玉悲"。宋玉的辞赋细腻工致、风流儒雅，令杜甫叹服。相隔千载，杜甫也不禁要为宋玉洒泪祭奠，因为他们都是天涯沦落之人，只不过身处的时代不同罢了。江山之间，宋玉的故宅尚在，人却踪迹难寻，世人只能通过他留下的文藻来了解他，他在《高唐赋》中描写的云雨阳台早已不在，唯有路过的船家，在江上指指点点，说着那些不知是真是假的荒山故丘罢了。

以上两篇，与杜甫的交集在于所咏对象都富于文采，与杜甫的诗人身份重合。而庾信的颠沛流离、宋玉的贫士失职，也与杜甫的人生轨迹高度吻合，因而杜甫托以寄怀。

第三首咏昭君，是脍炙人口的名篇。首联用壮丽的笔调，描写昭君的家乡荆门的山水之美，群山万壑随着险急的江流所奔赴的地方，才养育得出王昭君这样的美人。所谓"一去紫台连朔漠"，是指昭君到了宫中，就被送到万里之外去和亲，死葬塞外，荒郊上独留青冢对着黄昏。青冢，指昭君的墓地，传说边地冬天草枯，只有昭君墓上的草常青。

"画图省识春风面，环佩空归月夜魂"，这两句用了《西京杂记》里记载的故事。据说王昭君入宫之后，因为没有贿赂宫廷画师毛延寿，原本一位国色天香的美人，被毛延寿画成了一个平平无奇的女子。而汉元帝是按照画像来挑选嫔妃的，王昭君自然落选了。后来呼韩邪单于入朝请求和亲，由于北地苦寒、环境恶劣，没有一个女子愿意去，这时王昭君站了出来，自请和亲。等到辞别之时，汉元帝才惊奇地发现，原来王昭君是这么美丽的女子！但此时木已成舟，汉元帝只能让王昭君出塞和亲，并立刻诛杀了画工毛延寿。杜甫的这两句诗，写出了王昭君的刚强性格，与她心中不被汉元帝接纳的悲愤。"千载琵琶作胡语，分明怨恨曲中论"，传说昭君在塞外曾有怨思的歌曲传世，名为《昭君怨》，至今仍是琵琶和古琴中的名曲。

有人评论说杜甫既写昭君自请出塞和亲，却又写她幽怨不已，未免显得昭君小家子气。殊不知，杜甫明着在写王昭君，暗里却是在写自己。因为杜甫是怀才不遇、壮士无成、忠臣抱屈的典型，这和红颜薄命的王昭君，有情感上的相通之处。

第四首咏刘备。第二句用一个"亦"字，蕴含了无限的感慨。刘备出峡时率领数十万大军，在夷陵之战中大败，逃至永安宫，不久就去世了，壮志未酬，空留遗恨。刘备是称帝后进攻东吴，翠华是指以翠羽装饰的旗帜，是皇帝的仪仗；玉殿是指皇帝的寝宫。刘备在当时自然是声势赫赫，殿宇庄严，然而，此时翠华早已消逝，玉殿已成为断壁残垣。想象中的翠华、虚无中的玉殿，对应着现实中的空山和野寺，是何等的凄凉。然而，刘备的庙宇，经历了世事沧桑，古庙杉松之上有水鹤来巢，岁时伏腊的时候，有村中的老翁来祭祀。虽然蜀国早已灭亡，但刘备的遗德还在人们的记忆之中。更何况诸葛武侯的祠堂就在附近，刘备与诸葛亮这对君臣的庙宇，至今民间仍然祭祀不断。

杜甫在这首诗中，最为着重的是"一体君臣"，刘备与诸葛亮在这里是作为圣君贤臣的代表出现的。杜甫一生最重视的就是君臣遇合，但始终失望叠加着失望。他在夔州，是如何的羡慕刘备与诸葛亮的君臣相交啊。

第五首写诸葛亮，也是自古以来传颂的名篇，后人甚至用此诗作为诸葛武侯一生的总结。起句直叙，却力重万钧："诸葛大名垂宇宙，宗臣遗像肃清高。"这样的诗句，就像一棵挺拔的孤松，直插天际，没有任何花哨的说辞，劈头冲出，不管你知不知道，不管你如何想，总之，就是这样的一句。这种破题的手法，是很不讲道理的以力服人的方式，就像武功高超的侠客，出手就是一招力劈华山，硬劈下来，你就算有再多技巧，也得先接这一招再说。但凡我们读到这里，都不由得对诸葛武侯肃然起敬。

接下来两句写诸葛亮一生的功业。诸葛亮最大的智慧，就是为刘备定下了天下三分的规划，要知道当时曹操已占据河北，孙权已占据江东，而刘备连一寸土地都没有，但对于三分之势，诸葛亮已然成竹在胸，后来按此战略进取荆州和益州，终于达到战略目的，我们不能不感叹诸葛亮的战略眼光。"万古云霄一羽毛"，更是对诸葛亮极度的赞颂。诗人将诸葛亮比作天空中高翔的鸟儿，赢得地上万众的仰视，"万古"一词，又从时间上证明了诸葛亮的伟大，是从古到今的奇异独特之人。如果说前面的"诸葛大名垂宇宙"是重笔的话，那么，"万古云霄一羽毛"就是轻笔，但却是举重若轻的轻笔。历代称赞诸葛亮的诗文很多，但千百年来，只有杜甫的这首诗被公认为难以企及的佳作。

第五、第六句，将诸葛亮与历史上的名相伊尹和吕尚对比，认为他们是不分伯仲的人物。如果诸葛亮在军事上能够指挥到底，而不是病死于军阵之中，则他的成就，就算兴汉的萧何和曹参都难以比拟。汉朝的气数已尽，难以恢复国祚，这使得诸葛武侯只能累死在繁重的军务之中。与前四句相比，后四句有无尽的怅惘和叹息。

这首诗托兴寄情，意境高远，有纵横万古、吞吐八方之势。而诗中体现出杜甫对诸葛亮深深的崇敬和惋惜，有他感怀自身的情绪在其中。

读故事 学知识

刘义庆

刘义庆（403—444年），彭城郡彭城县（今江苏徐州）人，南朝宋宗室、文学家。宋武帝刘裕的侄子，长沙景王刘道怜的次子。后过继给叔叔刘道规，袭封临川王。虽历任荆州刺史等要职，但并没有留下特别出色的政绩。《宋书·刘义庆传》中说他"为性简素，寡嗜欲，爱好文义"，可见，他本身并不热衷于争权夺利，唯善文学。他著有《徐州先贤传》《江左名士传》，还有志怪小说《幽明录》《宣验记》。最著名的还属他召集文学之士共同编撰的《世说新语》，这是我国最早的一部文言志人小说集，书中记述了魏晋人物的言谈、轶事，反映了士大夫们的思想、生活和清谈放诞的风气，对后世文人和文学都产生了很大影响。书成后不久，刘义庆就去世了，谥号康王。

《水经注》

《水经》是我国第一部记述水系的专著。至于作者，说法不一，宋以后多称桑钦所撰。原文一万多字，简略介绍了137条主要河流的情况。

北魏时期，地理学家郦道元为此书作注，称为《水经注》。虽是作注，郦道元其实经过了大量的实地调查研究，河流增加至 1252 条，注文有 30 万字。他除了介绍河流经过地区的山陵、城镇、名胜、植被、气候等情况，还记录了相关的社会经济、历史遗迹、人物掌故、神话传说等，且文笔隽永，叙述生动有趣。可以说，《水经注》不仅是一部综合性地理著作，也是一部优美的散文游记，受到后人高度评价。

班扬

汉代辞赋家班固和扬雄的并称。

班固（32—92 年），东汉著名史学家、文学家。他出身儒学世家，父亲班彪、伯父班嗣，皆为当时著名学者。在家庭环境的熏陶下，班固对儒家经典和史学典籍都颇为精通。作为史学家，他编撰的《汉书》，是中国第一部纪传体断代史；作为辞赋家，他是"汉赋四大家"之一，《两都赋》开创了京都赋的范例，列入《文选》第一篇。

扬雄（前 53—18 年），西汉著名辞赋家、思想家。他与司马相如、班固、张衡合称为"汉赋四大家"。扬雄尤善辞赋，汉成帝时，经同乡杨庄推荐，随侍成帝左右，呈奏《河东》《甘泉》《羽猎》《长杨》

等具有劝谏讽刺意味的辞赋，这也被称为"扬雄四赋"，成为他的代表作。

《池北偶谈》

《池北偶谈》是一部清代史料笔记。由王士禛编撰，他的后人整理而成。

王士禛在自序中称，他家西边有园圃，圃中有地，地北有屋数间，其中藏书数千卷，与白居易的藏书之所池北书库相似，因而将本书取名为《池北偶谈》。又因书库旁边有一座石帆亭，王士禛常和宾客在亭内聚会畅谈，所以又名《石帆亭纪谈》。

全书共二十六卷，主要分为四目：典章制度、名臣异士、评论诗文、志怪传奇。书中所引就出自卷十八《谈艺·慈恩塔诗》。

十一

在夔州（下）

古今第一登高之作

大历二年九月九日重阳节，杜甫在夔州写下了千古名篇《登高》：

风急天高猿啸哀，渚（zhǔ）清沙白鸟飞回。无边落木萧萧下，不尽长江滚滚来。万里悲秋常作客，百年多病独登台。艰难苦恨繁霜鬓，潦倒新停浊酒杯。

这首诗被清代的杨伦称为"杜集七言律诗第一"（《杜诗镜铨》），而明代的胡应麟，甚至认为此诗"当为古今七言律第一"（《诗薮》）。

那么，这首诗魅力何在，为什么能引发评论家们如此之高的赞誉呢？

我们先看首联，"风急""天高""猿啸哀"，巫峡两岸高山断崖多猿，早在郦道元的《水经注·江水》中就引用了当地民歌："巴东三峡巫峡长，猿鸣三声泪沾裳。"第一句"风急天高猿啸哀"，风急天高，是从大的空间来写；猿啸，是从具体的小动物来写；哀，指猿啸给人的感觉，这是一种空旷中的悲伤、低回中的哀吟。第二句"渚清沙白鸟飞回"，"渚清沙白"又是从大的空间来写，"鸟飞回"，又是从具体的小动物来写。此诗首联即对仗，每句写三个意象，大小结合，"风急天高"，"渚清沙白"，整体的感觉雄壮而高爽。

领联"无边落木萧萧下，不尽长江滚滚来"，"落木"就是落叶，时已近秋，满山树木的叶子开始凋落，在风中飞舞盘旋，一眼望去，漫无边际。"萧萧"，是无边落叶的拟声词。落叶在风中凋落，让我们感受到生命似乎也在西风中颤抖着；而不尽的长江水，从上游滚滚而来，又奔涌而去。杜甫所居的夔州，是三峡中瞿塘峡的起点，而瞿塘峡素来以雄伟壮阔闻名。这两句单从大处着眼，而"萧萧"有声色，"滚滚"有既视的动感，确是登高所见秋景，气势雄伟。

颈联"万里悲秋常作客，百年多病独登台"，十四个字写出八层意思："万里"，指远离长安，夔州和长安相距遥远，想回长安极难；"悲秋"，即中国文学传统中的悲秋主题；"常作客"，指自己长期在外漂泊，不得归家；"百年"，指年华已老；"多病"，指自己患有多种疾病；"登台"，指登高望远；加一"独"字，则形容自己的孤独，只能独自登台。这两句是中国诗歌艺术中字简意繁的典型范例，层次丰富，而又对仗工整。

尾联"艰难苦恨繁霜鬓，潦倒新停浊酒杯"，收束全诗。"艰难苦恨"，杜甫都已经亲身经历过，而白发也一天天地增多。一身多病，潦倒衰颓，又兼新患肺病，只能戒了酒。结句看起来气势比较弱，但是，经历了前面六句的大开大阖，在尾联处缓缓收结，反而使全诗多了无限悲凉的意境。

人们常说杜甫的诗沉郁顿挫，那么，"沉郁"在什么地方，"顿挫"又在什么地方？我们在这首诗中可以找到答案。在这首诗中，每联都是对句，在律诗中也是少见的变体，且每联对偶精巧，像尾联，浑然一体，让人感觉不到是在对仗，这是对仗艺术的极高境界。首联一句讲三事，以碎取胜；颔联气势疏通，意义整饬，以整取胜；颈联则二句八事，极尽顿挫之能事；尾联以悲意收束。整首诗可谓达到了沉郁顿挫的至高境界，而全诗的笔势雄骏奔放、天马行空，难以用通常的作诗规律束缚住诗情，这是杜甫最令人叹服之处。

这首诗和下面要说的《秋兴八首》组诗，代表着杜甫的诗歌艺术在夔州时期达到了最高的水准。

玉露凋伤枫树林

《秋兴八首》组诗，是杜甫于大历元年秋天在夔州西阁所作，是夔州诗中的代表作，也是杜甫诗歌王冠上的明珠。且来看它的第一首：

玉露凋伤枫树林，巫山巫峡气萧森。江间波浪兼天涌，塞上风云接地阴。丛菊两开他日泪，孤舟一系故园心。寒衣处处催刀尺，白帝城高急暮砧（zhēn）。

"玉露"就是白露。"玉露凋伤枫树林"一句，颇有西洋油画的感觉，就像德国十九世纪表现主义的名画。但是，它的内里完全是传统的。《楚辞·招魂》有："湛湛江水兮上有枫，目极千里兮伤春心。"李密《淮阳感怀》有："金风荡初节，玉露凋晚林。"楚地三峡多枫树，而深秋时节，白露为霜，凋伤了满山的枫树叶。巫峡是三峡最长的一段，而巫山，早在宋玉的《高唐赋》里就有楚王遇巫山神女的传说。这里巫山和巫峡连用，使得这混杂着神话与历史的三峡秋景，在杜甫的眼中，显得秋气萧萧，有一种森然蚀骨的秋意。

"江间波浪兼天涌"，写巫峡江中的景色。杜甫在夔州，只能见到瞿塘峡，所以，巫峡江间的波浪，当是出于诗人的想象。波浪本来是在江面上，但是，兼天而流涌，仿佛江水拍击着天际；"塞上风云接地阴"，"塞上"，指夔州，我们一般认为塞上在北方，就像唐诗中常见的出塞题材一样，但是，这首诗中的"塞上"，指的是夔州，因为夔州是进入蜀地的军事要塞，白帝城就是城塞，其下有铁锁关，是历代封建王朝为了扼守夔门天险、控制长江交通，用铁索设置的关口。现存的夔门铁柱，位于夔门北岸草堂河入口处的石盘上，为宋代末年所置，曾有拦江铁链七条，总长 920 多米。"塞上风云"，就是杜甫写此诗时在夔州所见到的实景。风云本来是在空中，但是，它笼罩于天地之间，风云变色，阴晦不已。

前四句写三峡的秋景，雄浑沉郁，气氛肃杀。景物是如此的萧森，而看到这番景物的诗人，心中自然也充满了不平之气。外界的景象与诗人内心情感的关系，是一个古老的话题。一般来说，内心情感会使外物感染上自身情绪的色彩，比如说，"感时花溅泪，恨别鸟惊心"（《春望》）。心有所感时，就算看到繁花盛开，也禁不住流泪；而欢乐的时候呢，看到繁花，会感受到"千朵万朵压枝低"，听到鸟叫，则是"自在娇莺恰恰啼"（《江畔独步寻花七绝句》之六）。很明显，大历元年在夔州的这个秋夜，杜甫所感受到的是满肚子悲郁不平之气。也许是身世的飘零，令他在这个秋夜越发地感伤，也有可能是国家的动荡不安，让他在这浩大的江景前感受到了时代命运的悲鸣之声。更有可能的，是个人的命运叠加了时代的苦难，令他在三峡的奇观与伟力面前，吟出了这臻于化境的、基于极高的诗歌艺术水准才能炼铸而出的伟词！

"丛菊两开他日泪"，"他日"就是往日，杜甫从永泰元年离开成都，走上他计划中的回归长安之路，可是，直到大历元年秋季，菊花都已经开过两次，杜甫却还蹉跎在回长安的路上，随处流寓不安，使杜甫的心情无比烦闷。"孤舟一系故园心"，点明了对故园的思念。孤舟一叶，或是由于多病，或是由于贫穷，总之，就是不能出三峡而东去，但这种种的挣扎与努力，都是因为一心系在家乡吗？杜甫虽然是河南巩县人，但他的家族的根在长安，杜甫心心念念的，还是回到长安啊！

"寒衣处处催刀尺，白帝城高急暮砧"，又回到夔州。"寒衣"，指冬衣，古人在制作冬天穿的衣物时，得先把衣料放在砧上，用杵捣软，使之柔顺服帖。秋天来了，思妇们要为远方的游子制作寒衣，于是，白帝城中捣衣声起伏不断。这种声音，向来会增添旅人们的乡愁，在一心归乡的杜甫心中，更像是发出了灵魂拷问：你究竟什么时候才能回到家乡呢？这阵阵的捣杵声，是在敲击杜甫那充满愧

疚的心啊。

这首诗以"秋兴"发端，奠定了组诗的情感基调。而"故园心"，又限定了八首诗的内容指向，诗歌语言苍劲挺拔，沉痛而深切。

以下七首，杜甫展开了对一生的回忆。回忆的中心，在长安；回忆的引子，在夔州。我们试看第三首：

千家山郭静朝晖，日日江楼坐翠微。信宿渔人还泛泛，清秋燕子故飞飞。匡衡抗疏功名薄，刘向传经心事违。同学少年多不贱，五陵衣马自轻肥。

"千家山郭"，夔州是一个山城，以山为城郭。夔州城郭的千家万户，静静地坐落于清晨的阳光下。"江楼"，指杜甫所住的西阁。坐在江楼里，周围都是青色的山气，氤氲一片。看着江面上来往的渔舟，清爽的空中飞掠而过的燕子，杜甫不禁感到一阵羡慕。渔人有着自己的营生，经过了一宿，还在江面上泛舟捕鱼，以此来换取衣食，日复一日，年复一年。反观自己，没有一个固定的营生，也没有一个安身立命之处，想回到长安，也没有能力长途跋涉。相比之下，渔人的生活更自在；燕子在空中自由地飞翔，不像自己困于江边的山城，离不开，走不动。这两句中，一个"还"字、一个"故"字，把渔人的自由和燕子的自适写得轻盈，更突显出诗人对他们的羡慕之情。是啊，如果有选择，谁会甘愿过这羁旅难熬的生活？

"匡衡抗疏功名薄，刘向传经心事违"，历来有歧说。匡衡和刘向，都是西汉后期的名臣。汉元帝刚即位不久，就发生了日食和地震，元帝向匡衡问询政治得失。匡衡上疏，以政道说汉元帝，此后朝廷有所议论，匡衡都会引经据典，予以讨论，汉成帝认为他足以胜任公卿之位，后来任命他为丞相。刘向是汉朝的宗室，汉宣帝时立为博士，征他研习《谷梁春秋》，讲论"五经"于石渠阁。汉成帝初即位，诏刘向领校中五经秘书。关于这两句诗，传统的说法认为，杜甫是以这两人比喻自己，就是说他也曾像匡衡一样，上书救房琯，但没有匡衡那样的好运气，每次上奏都能让皇帝接受，最后做了丞相，而他只能漂泊、流落在外。然后杜甫觉得自己和刘向一样，才学颇高，但是，不像刘向一直在京城，能够接受皇帝赋予的校正书籍等任务，他只能违背自己的心意，给严武等人当幕僚。

这种传统的说法，总是让人觉得有哪里不太对。杜甫的诗的确大多有悲伤的基调，但并没有羡慕别人发达得志的情绪，这里把诗句解释成杜甫自觉比不上匡衡和刘向的显贵或运气好，这完全不是杜甫会说出的话。后来，现代语言学家、《汉书》专家杨树达先生提出了他的看法：

杜公《秋兴八首》此向来士子人人诵习之诗也。"匡衡抗疏功名薄，刘向传经心事违"二句，杜公寓意何在，不可确知。若其本事，至显明也。匡衡在元帝时上疏言政治得失，成帝时复上疏戒妃匹，其言皆甚美。若豫知有赵飞燕姊妹之祸者。及其居相位，乃阿比宦官恭显以自固，此所谓抗疏功名薄也。《刘向传》不记其有开门授徒之事，所谓传经，传于其子歆也。向上封事极谏外家之过宠，深虑王氏之将代汉。而歆乃助莽篡汉，此所谓传经心事违也。姑不论杜公何指，但就其议论史实处观之，着眼之锐，持论之正，已足令人惊服。仇兆鳌乃引旧注云："功名薄""心事违"，杜公自叹。钱牧斋详说亦本此意详加申述。果如此说，不唯七字句上下两截文意不贯，其视杜公为叹老嗟卑之人，其侮辱杜公不已甚乎！（见杨树达《积微居小学述林》卷七《与陈寅恪书》）

　　看了杨树达先生的解释，我们才觉得这两句诗意能够融会贯通了。原来，匡衡虽然受到汉元帝和汉成帝的赏识，后来当了丞相，可是，他当丞相后，对宦官集团阿谀奉承，借此来巩固自己的地位，把原来好不容易积累起来的好名声毁掉了，所以杜甫说他"功名薄"；刘向传经给自己的儿子，虽然一直注意劝谏朝廷要小心王氏篡汉，但他的儿子刘歆却成了王莽篡汉的帮凶，这就违背了刘向初始的志向，所以杜甫说他"心事违"。这样来解释，才符合杜甫的堂堂正气。杨树达先生说传统的解释是"侮辱"了杜甫，很有道理。

　　由此，最后两句"同学少年多不贱，五陵衣马自轻肥"，也能做出合理的解释了。"同学少年"，就是杜甫少年时的同学们。"五陵"，为源自汉朝帝王的惯例，他们每立一座王陵，一定会迁移天下四方的富家豪族和势族到陵墓附近定居，并为之设置相应郡县。其中最著名的有五陵，即汉高祖长陵、汉惠帝安陵、汉景帝阳陵、汉武帝茂陵、汉昭帝平陵。杜甫用"五陵"借指豪家富族所居住的地方。"轻肥"，指轻裘肥马。当年的同学少年，穿着轻暖的裘衣，骑着肥壮的骏马，过着奢侈的生活。但是，肥马轻裘是他们的，与杜甫毫无关系，二者的志趣理想绝不相同。这些自以为富贵奢华、身份尊贵者，不过"五陵衣马自轻肥"而已。这里用轻松而反挑的一个"自"字，就把杜甫和他们分隔开来了，使得诗歌具有讽刺的意味。

三峡星河影动摇

大历元年冬天在西阁，杜甫还有一首《阁夜》诗，写得非常雄伟壮阔。

岁暮阴阳催短景，天涯霜雪霁（jì）寒宵。五更鼓角声悲壮，三峡星河影动摇。野哭几家闻战伐，夷歌数处起渔樵。卧龙跃马终黄土，人事依依漫寂寥。

创作成熟期的杜甫诗有一个特点，特别善于用壮丽的景物来写哀伤之情，被后人称道的艺术风格"沉郁顿挫"，有一部分就是由这种方式创作的。夔州诗中除了这首《阁夜》，还有《登高》《诸将五首》《秋兴八首》等，莫不如此。

首联"岁暮阴阳催短景，天涯霜雪霁寒宵"，写出一幅寒冷的岁末图景。阴阳交替，岁月流转，又来到了一年的冬季。在一个寒冷的夜晚，雨雪刚刚停歇，彻骨的寒意从四面八方渗入人的骨髓。

此时杜甫正宿于西阁，寒宵深夜，独自无眠。时间来到了五更，悲壮的鼓角声响起，预示着天色即将亮起，而霜寒之夜的鼓角声，听起来分外悲壮。

我们可以想象这样一幅画面：夜漫漫，寒冷难以入睡，杜甫一夜无眠，到了五更时，鼓角的声音传来，更加难以睡下去了。既然不能再睡，于是杜甫走到了庭中，抬头观察天象。此时雨雪都停了，满天星河湛然。

如果只是以上这幅画面，那么，无论在江南还是漠北，它都有可能发生，为什么偏偏在这首诗中给了我们这么不同的审美感受呢？答案就在"三峡"二字上。夔州所在，是三峡中最为雄伟壮丽的瞿塘峡，江水涌过夔门，急湍漩涡，倒映着天上的星河，观察者远远望去，天上的星辰与银河仿佛在轻轻地摇动着。汉代东方朔曾说，星辰动摇，是百姓扰动不宁的征兆。现在天象如此摇动不安，天下苍生又该怎么办？这是忧国忧民的杜甫在这种情境下可能会有的心理活动。作者的笔势又沉郁又精悍，我们只要反复吟诵，就会感受到这两句诗的雄浑壮阔之美。

这两句诗雄浑浏亮，冠绝古今。但更绝的是，看起来像是直抒胸臆、含义明了的句子，其实是有用典的。其中，"五更鼓角声悲壮"，用的是三国祢（mí）衡裸身击鼓的故事：孔融很爱惜祢衡的才能，多次向曹操推荐。曹操就想见见他，可是祢衡素来瞧不起曹操，于是自称得了重病，不肯前去，而且多次口出狂言。曹操虽怀恨在心，但是祢衡这个人才名很高，想要杀他，还得另想办法。曹操听说祢衡善于击鼓，便召其为鼓史，借着大宴宾客的机会，考察鼓史的专业水平。其他鼓史走上堂时，都被命令脱掉日常的衣服，穿戴上鼓史的衣服和帽子。因为鼓史的地位很低，所以穿着这种衣服，大家一看就知道这是敲鼓的仆役。轮到了祢衡，他就直接走到曹操跟前，旁边的小吏责骂他说："你这鼓史，为什么还不换上衣服，就这么直接进来了？"祢衡回了一声："好。"于是慢慢地把身上的衣服一件件脱了下来，最后赤裸着身体，慢慢地拿起鼓史的衣服穿上，换完衣服后，用鼓击打了一段《渔阳》乐，其鼓音悲壮慷慨，击完鼓后，祢衡面不改色。曹操笑着说："我本想羞辱一下祢衡，却反而被他羞辱了。"

"星河动摇"一句，用的是汉武帝时的"星辰动摇，东方朔谓民劳之应"。

这两句气势非凡的诗，是杜甫雄厚的诗歌功底和丰富的生活实践，以及充盈的知识储备完美融合的产物。

这么好的颔联，一定得有撑得住的颈联来与它对应。杜甫随后写下了"野哭几家闻战伐，夷歌数处起渔樵"之句，使得本诗前后浑然如一，而雄阔的氛围一如既往地渲染了出来。

"野哭"，指百姓号哭于道路。"几家"，就是不知有多少家的意思。不知有多少家百姓，听到亲人的死讯，感受到战争之苦。大历元年蜀中大乱，百姓在战乱中艰难存活，死于战争的人不知道有多少，孤儿寡妇，家家哀悼，号哭的声音震动四野。这一句写战争带给百姓的灾难，可谓是淋漓尽致。

"夷歌"，指的是巴蜀地区夷人的歌谣。夔州是汉夷杂居的地方。早上的时候，在忙碌的渔人和樵夫中间，有夷人的歌声响起。这句写当百姓颠沛流离、苦于战乱的时候，自己却只能在夔州西阁上听着清晨的渔歌，什么也做不了。杜甫是想为国家和百姓做些事情的，但是现实偏偏不给他机会。百姓的苦难与杜甫不得不退居西阁的无奈，对照成章。

尾联写诸葛亮和公孙述的故事。诸葛亮在夔州白帝城接受刘备托孤的遗命，公孙述是东汉初年割据蜀地的军阀，左思《蜀都赋》有"公孙跃马而称帝"的句子，指的就是公孙述。尾联中的"卧龙跃马终黄土"，指的是不管是诸葛亮这样的豪杰，还是公孙述这样的枭雄，其结局都是归于一抔黄土。那么，对于杜甫来说，身在西阁之中，不仅没有什么事情做，还与外界断绝了消息，如此这般的寂寥，假使哪天自己就这么死了，大概也和诸葛亮、公孙述没有什么区别吧！这就是"人事依依漫寂寥"一句中的复杂含义。"漫寂寥"，意思是拿这个寂寥没有办法，就由它去吧。这是杜甫在精神上的自我宽慰。

苏轼、胡应麟、王嗣奭等都认为，这首诗气势雄骏、情辞伟丽，是杜甫沉郁顿挫诗风的典范。当我们回顾杜甫在夔州写下的诸多壮丽奇伟的诗作时，不得不承认，对于杜甫来说，夔州是他年老时期一处难得的安稳之地。从《阁夜》一诗中"五更鼓角声悲壮，三峡星河影动摇"这样气象雄伟的诗句来看，夔州壮丽的水色和山景，是他诗歌艺术达到炉火纯青境界的重要外在助力。

《杜诗镜铨》

　　清代杨伦为杜甫诗文所作的校注本。在诸多诠解杜甫诗文的著作中颇具特色，著名语言学家郭绍虞评价此书："以精简著称。不穿凿，不附会，不矜奇，不逞博，而平正通达，自使少陵精神跃然纸上。"此书评论简洁明了，语言通俗易懂，即便是普通读者也很容易从中领悟杜诗的意境。

　　书中所引杨伦对《登高》的评价便出自《杜诗镜铨》卷十七："高浑一气，古今独步，当为杜集七言律诗第一。"

十二

老诗人的奇幻漂流

乾坤一腐儒

大历三年正月，杜甫终于启程，由三峡东下，开始了他生命中最后一段旅程——江湘漂流。

漂流的初衷，是为了回归他的家乡洛阳。但是，由于时局不稳、个人生活匮乏，杜甫不得不在长江和湘水之上漂泊，这位老诗人的奇幻漂流，历时两年半，直至大历五年（770年）冬天他病逝于湘江的一叶小舟之上。

杜甫先由夔州东下，渡过三峡，来到了江陵。但是，在江陵无人照应，缺少资斧，他只能继续南下，到了公安。到公安后，他受到老朋友的热情接待，住了几个月，继续南行，到了岳阳。

到岳阳后，杜甫游览了著名的岳阳楼，并写下了著名的《登岳阳楼》：

昔闻洞庭水，今上岳阳楼。吴楚东南坼，乾坤日夜浮。亲朋无一字，老病有孤舟。戎马关山北，凭轩涕泗流。

这首诗气象雄伟，一般认为它和孟浩然的《望洞庭湖赠张丞相》一诗可以并驾齐驱。孟浩然的诗如下：

八月湖水平，涵虚混太清。气蒸云梦泽，波撼岳阳城。欲济无舟楫，端居耻圣明。坐观垂钓者，徒有羡鱼情。

孟浩然诗中的"气蒸云梦泽，波撼岳阳城"一联，被认为是气象万千、雄浑天成的名句；而杜甫诗中的"吴楚东南坼，乾坤日夜浮"一联，则被认为可与前者相媲美。

首联"昔闻洞庭水，今上岳阳楼"，"昔闻"，表明自己早就听说过洞庭湖的雄伟壮阔，这也相当于向前辈孟浩然致敬了。"今上"，则是表达作者亲自登临的愉悦和兴奋之情，有一种夙愿得偿的感觉，由此也展现了杜甫与孟浩然不一样的诗才。

接下来的两句，孟浩然抓住洞庭湖本身的雄壮来写，"气蒸"和"波撼"，由云梦泽到岳阳城，写出了洞庭湖的壮观。而杜甫则抓住洞庭湖的远景来写，所写境界，愈益阔大。所谓"吴楚东南坼"，描写的是从岳阳楼远远望出去，只见洞庭湖的湖面远大而辽阔，将东吴和楚地分隔开来。云梦泽还只是楚地的一部分，而吴楚以洞庭湖来分界，则涉及两个广大的地理区域，其视野更为宏阔。"乾坤日夜浮"，则是从岳阳楼远望，只见洞庭湖水万顷碎波，水与天相连，天随着水的波动而波动，上下无定，就像浮在天际一样。遥想洞庭湖从开天辟地以来，吞纳着长江之水，水面冬降夏升，日日夜夜，年年岁岁，它的升降涵盈，无时不随天地浮荡波动，乾坤仿佛被它浸染了一般。这里的乾坤，其实就是指天和地，用的是《周易》中乾坤两卦对应于自然物的基本取象。由此，我们可以看到，岳阳楼前的洞庭湖水势，真所谓包吴楚而浸天地，它的诗意阔大而深沉，所以能与孟浩然的名句争辉。

然而，杜甫写岳阳楼，不是单纯地登临胜景，在这壮阔的奇景面前，杜甫抚今伤昔，他所面临的现实境遇不知不觉涌上心头。"亲朋无一字"，表明亲朋之间早已失去了联系；"老病有孤舟"，指自己走到了人生的老境，只有一叶孤舟相伴。这两句写实，杜甫此时与亲戚之间早已不通音讯，而他为筹措东下的旅资，早已将夔州的宅子和田园转让给别人。眼下他所拥有的，除了这一叶孤舟，再无其他了。

尾联"戎马关山北，凭轩涕泗流"，写当时的军事形势。吐蕃在大历三年连续侵扰关中，唐王朝出兵抵御，战事频仍。国家处在战争之中，戎马关山，在客观上，这种形势也阻碍了杜甫北返的旅途。国事家事纷扰于心，杜甫在这岳阳楼之上，凭栏望远，不禁流下了悲伤的眼泪。

杜甫的这首诗传出后，岳阳楼的名声越来越大，至北宋范仲淹应滕子京之请，写下千古名文《岳阳楼记》，从此岳阳楼成为历史名楼之一。因为孟浩然和杜甫两首佳作在前，所以宋末元初诗论家方回说，那个年代的岳阳楼，在门壁的左边大书孟浩然诗，右边大书杜甫诗，后人再到此楼，不敢再题诗其上。可见在咏岳阳楼诗作中，孟诗和杜诗双雄并峙的地位。

今天的岳阳楼大厅记文两侧，有近代著名书法家何绍基所书、晚清文学家窦垿（xù）撰文的长联，上联为："一楼何奇，杜少陵五言绝唱，范希文两字关情，滕子京百废俱兴，吕纯阳三过必醉。诗耶？儒耶？吏耶？仙耶？前不见古人，使我怆然涕下。"下联为："诸君试看，洞庭湖南极潇湘，扬子江北通巫峡，巴陵山西来爽气，岳州城东道岩疆。潴者，流者，峙者，镇者，此中有真意，问谁领会得来？"这副对联也颇有雄奇之姿。对联中提到了杜甫此诗，称之为"五言绝唱"，这与南宋刘辰翁称此诗"气压百代，为五言雄浑之绝"（《集千家注批点杜工部诗》）的评价是一致的。

杜甫离开岳阳，沿湘水南下，大概在大历四年秋天，写了一首《江汉》诗：

江汉思归客，乾坤一腐儒。片云天共远，永夜月同孤。落日心犹壮，秋风病欲苏。古来存老马，不必取长途。

从这首诗中，我们可以看到，杜甫在接近生命尽头之际，似乎对自己这一生多有自嘲，但是，这种自嘲是建立在自负的基础上的。"乾坤一腐儒"，可以说是杜甫对自己一生的定位。"腐儒"，指的是一生没有什么成就，无所作为的儒生。如果以杜甫直到晚年还在孤舟上漂流、无家可归、无事可做来说，他的确可以称为"腐儒"。然而，与世俗所谓的腐儒不同的是，杜甫在"腐儒"前面还加了一个修饰，那就是"乾坤一腐儒"。乾坤是什么？是天地。杜甫说，就算我是腐儒，我也是这天地之间独一无二的腐儒！如果说称自己为"腐儒"是自嘲的话，那么，"乾坤一腐儒"，就是自负了。有人也许认为杜甫身处穷困潦倒的境地，于是自称腐儒，可这种身在草野，而确有才能，又心系国家社稷的"腐儒"，天地之间又能有几人呢？从这个角度来看，"乾坤一腐儒"反而是杜甫身上非常光辉的一个印记。

"片云天共远，永夜月同孤"，承上句"乾坤"而来，杜甫在精神上与天共辽远，与月同孤单，高情雅致，不与凡俗相同。观落日，壮心不已；秋风起，病情转轻，更反映了他的不甘心：谁说人老多病就没有用了？自己依然有壮志雄心啊。在尾联，他发出了这样的强音："古来存老马，不必取长途。"这里用了"老马识途"的典故。《韩非子·说林上》记载，管仲和隰（xí）朋跟随齐桓公讨伐孤竹国，春天出兵，秋天回军，结果中途迷路了。管仲说："老马的智慧，可以用一下。"于是放开军中的老马，跟着它的行踪走，果然找到了回家的道路。所以说，老马并不是没有用了，如果让它去比赛、冲锋、日行千里，肯定比不上少壮的马，但是，如果依靠它来寻路解惑，才是它擅长的。这就和"腐儒"一样，虽然已经老了，但依然可以作为咨询定计之用。杜甫在这里，反映了自己老而不得所用的悲愤。

宋代的杨大年不喜欢杜甫的诗，鄙夷其为"村夫子诗"，意思是说太小家子气，没有富贵之态。有个同乡和他争辩，杨大年怎么也不服，同乡于是换了个法子，说："请你来续上杜甫的诗句，看看你和杜甫的诗才相比，到底怎么样。"于是他出了个上句："江汉思归客。"杨大年对了好几句，但都平平无奇，同乡于是慢慢地吟出杜甫的原句："乾坤一腐儒。"杨大年默然。

杜甫的诗歌给人的感觉往往如此，刚读的时候可能觉得没什么，看不出优秀在哪里，但如果拿掉一句或一个字，让你来补上，效果可能就与原诗有天壤之别，杜甫可是非常善于炼句谋篇的诗圣啊。

对于自己的定位，杜甫此前在成都时写有一首《旅夜书怀》，诗中有"飘飘何所似，天地一沙鸥"之句，似是自喻。相比之下，天地间的一只沙鸥，好像更加飘逸高举一些。但是，以杜甫一生忠君爱国的志向来说，"乾坤一腐儒"的定位可能更合乎他的志趣。

饥饿出诗人

如果说在杜甫的一生中，有什么样的体验让他刻骨铭心，莫过于生命后半段无时无刻不在忍受的饥饿感。

常言道，愤怒出诗人。但是，愤怒是一瞬间爆发的情感，就像火山爆发，流淌出来之后，会以焚毁一切的威势来摧毁现实的不公与阻碍。但是，饥饿出诗人，又是怎样一种体验呢？

这是一种卑微却蚀骨的体验。俗话说，饱汉不知饿汉饥。处在富足中的人们，恐怕很难理解饥饿对人的行为方式和思维方式造成的影响。只有真正挨过饿的人，才知道那是怎样一种感受。

儒家的传统是不受嗟来之食，这是在生理需求之外加上了一个道德要求。但是，在传统的封建农业社会，天灾、人祸及战乱等，都会摧毁脆弱的农业生态，导致饥荒的发生。杜甫大多数时候并不亲自务农，他的衣食来自朝廷的俸禄或者朋友的接济，在战乱之中，微薄的俸禄养不活全家，朋友的接济总是断断续续的，最好的时候也不过是在成都草堂或夔州瀼西生活期间。当杜甫作《自京赴奉先县咏怀五百字》时，他的幼子饿死在家中。杜甫和妻子杨氏所生的子女，在颠沛流离中有好几个都饿死了，最后只剩下了宗文和宗武两兄弟。杜甫死后，兄弟俩继续漂泊于江湘。这样惨痛的生活经历，在古今诗人中是非常少见的。然而，杜甫却一如既往地关心国事，用诗笔来记录一代史迹，他这种刚强又执着的文人精神，值得我们尊重和敬佩。

正是因为对饥饿的深刻体悟，杜甫对于唐王朝曾经拥有的盛世分外追慕和怀念。他深知，民以食为天，只有太平安定的社会环境，才是男耕女织的传统农业社会的基本保障。所以当杜甫在梓州回忆起唐玄宗的开元盛世时，想到的是"忆昔开元全盛日，小邑犹藏万家室。稻米流脂粟米白，公私仓廪俱丰实。九州道路无豺虎，远行不劳吉日出。齐纨鲁缟车班班，男耕女桑不相失"（《忆昔二首》）。这应该就是杜甫心目中太平盛世的理想景象。公私仓廪的丰实，是保证农民免于流亡的物质基础，杜甫自己流离了太久，太知道粮食储备的重要性了，这是让人免于饥饿的根本啊。

正是因为有饥饿的体验，杜甫对百姓的疾苦特别关注。当他路过骊山，听到骊山之上皇帝和贵族们寻欢作乐的声音时，他愤怒地喊出"朱门酒肉臭，路有冻死骨"（《自京赴奉先县咏怀五百字》）！

贵族们的酒肉多得吃不完，都发臭了，而路上倒着无数冻死、饿死的人。这种不公平的社会现象，预示着安史之乱后唐王朝逐渐衰落，再也回不到开元盛世了。此时，杜甫比那些只知道吟咏风花雪月的人，更早地感受到了巨大的时代变动的气息。安史之乱后，杜甫还写下许多名句，比如"富家厨肉臭，战地骸骨白"（《驱竖子摘苍耳》）、"高马达官厌酒肉，此辈杼柚茅茨空"（《岁晏行》）等，继续对百姓的疾苦予以深切的关注。

同时，杜甫将对饥饿的这种极致的体验写进了诗歌。比如他说："饥卧动即向一旬，敝裘何啻联百结"（《投简成华两县诸子》）。这种忍饥挨饿简直变成他的习惯和策略了。又如《乾元中寓居同谷县作歌七首》中的第一和第二首：

有客有客字子美，白头乱发垂过耳。岁拾橡栗随狙公，天寒日暮山谷里。中原无书归不得，手脚冻皴皮肉死。呜呼一歌兮歌已哀，悲风为我从天来。

长镵（chán）长镵白木柄，我生托子以为命。黄精无苗山雪盛，短衣数挽不掩胫。此时与子空归来，男呻女吟四壁静。呜呼二歌兮歌始放，邻里为我色惆怅。

在第一首诗中，杜甫写自己在天寒日暮的山谷里，手脚都快冻僵了，希望能捡拾一些橡栗来给全家充饥。此时的杜甫"白头乱发垂过耳"，这是被生活的重担压弯了脊背的形象。在第二首诗中，写想和儿子们去山里挖些黄精之类的东西来吃，但是空手而归，"男呻女吟四壁静"，描写全家都在挨饿的景象，令人心酸不已。清代著名诗人黄景仁曾写过一首描写贫士失职的诗，为时人推崇，其中有"全家都在风声里，九月衣裳未剪裁"之句（《都门秋思四首》其三）。黄景仁不过是忧心家人没有裁秋衣，与杜甫全家饿得"男呻女吟"相比较，真的是不值一提了。此外，杜甫的"痴女饥咬我"（《彭衙行》），读来令人心酸。就算是在草堂时，杜甫一家也过着饥一顿饱一顿的生活："厚禄故人书断绝，恒饥稚子色凄凉。"（《狂夫》）

总之，饥饿伴随着杜甫的后半生，也拓展了他思考人生的方式，让他成为"饥饿出诗人"的代表。

杜甫之死

杜甫于大历四年正月从岳阳出发去游南岳衡山，投奔在衡州（今湖南衡阳）当刺史的老友韦之晋。他先到了潭州（今湖南长沙），游览岳麓山后，继续南下，经湘潭县、衡山县到衡州。可是，杜甫到衡州不久，韦之晋就调离了，杜甫只能回到潭州。大历五年四月，湖南兵马使臧玠（jiè）杀观察使崔瓘（guàn），潭州大乱。杜甫只好又去了衡州，在耒（lěi）阳住了下来。

对于杜甫的死，《旧唐书》是这么说的：

甫尝游岳庙，为暴水所阻，旬日不得食。耒阳聂令知之，自棹（zhào）舟迎甫而还。永泰二年，啖（dàn）牛肉白酒，一夕而卒于耒阳，时年五十九。

原来杜甫去衡山游观庙宇，被洪水阻隔，十来天没有吃的。耒阳聂县令知道此事后，亲自驾舟将杜甫接回。杜甫饿了很久，见到聂县令送来的牛肉和白酒，不禁大吃大喝起来，结果过了一晚就在耒阳去世了，时年五十九岁。永泰二年（766 年）是《旧唐书》的误记。

还有一个说法，有一天晚上，杜甫喝醉后在酒家睡下，结果当晚江水暴涨，冲毁了酒家，杜甫死于惊涛骇浪之中，尸骨无存。（李观《杜传补遗》）

以上两种说法，后来被证明都是无稽之谈。

经过考证，研究者发现，杜甫避臧玠之乱，原本打算从衡州到郴（chēn）州去投靠舅父。但在去郴州途中，遭遇洪水，困于耒阳，五天不得食，耒阳的聂县令听说后，送去牛肉和白酒慰问杜甫。杜甫还曾写了《呈聂令》一诗以示感谢。后人于是附会出杜甫饮食过量，一夕之间死于耒阳的传说。在传说中，李白是醉酒后捞月亮坠江而死，杜甫是吃多了撑死的，看来，有些人在编造传说和野史时，还考虑到了人物的性格特点。在他们看来，李白永远是那位仙气飘飘的诗仙，而杜甫始终是那个穷窘困顿、吃不饱饭的诗圣。

在耒阳待了一段时间，杜甫面临着继续往南还是往北的选择。往南，就是郴州，而郴州是唐宋时代贬谪官员南下的必经之路。杜甫已经漂泊了半生，他实在不想再往南走了，于是，他决定北上。其间，作有《回棹》一诗。就在大历五年的冬天，杜甫在由潭州到岳阳的船上去世。我们的诗人，终于结束了他这半生的奇幻漂流。

作于这年冬天的《风疾舟中伏枕书怀三十六韵奉呈湖南亲友》，被认为是杜甫的绝笔诗，重疾缠身、卧床不起的诗人，此时还在忧心"战血流依旧，军声动至今"，国家和时代的命运，是杜甫一生都放不下的情怀啊！

千古诗圣杜子美

杜甫在中国人的心目中，是千古诗圣。

他是一位忧国忧民的诗人。前人说他"一饭不忘君"，不管处于怎样困窘的境地，他的心中始终挂念着国家与社会、朝廷与民生。他对自己的定位，就是"乾坤一腐儒"，腐儒看似无所成就，但是，他是天地之间独一无二的腐儒，就是要去关心和关怀那些常人看来很迂阔或者跟自己的生活似乎完全不相干的事情，因为这是一个真正的儒者的良知和底线。从这点来说，"铁肩担道义，妙手著文章"，完全是杜甫的写照。

从诗歌艺术上来说，杜甫精于诗歌的各种体裁，不管是五言还是七言，律诗还是古风，不同风格、题材，他都能创作出脍炙人口的佳作和名作。"悲欢穷泰，发敛抑扬，疾徐纵横，无施不可。故其诗有平淡简易者，有绮丽精确者，有严重威武若三军之帅者，有奋迅驰骤若泛驾之马者，有淡泊闲静若山谷隐士者，有风流酝藉若贵介公子者。盖其诗绪密而思深，观者苟不能臻其阃奥，未易识其妙处，夫岂浅近者所能窥哉！此甫所以光掩前人，而后来无继也。"（《苕溪渔隐丛话》前集卷六引）这段话高度评价了杜甫。王安石对杜甫也很是服膺，写有《杜甫画像》一诗：

吾观少陵诗，为与元气侔（móu）。力能排天斡（wò）九地，壮颜毅色不可求。浩荡八极中，生物岂不稠。丑妍巨细千万殊，竟莫见以何雕锼（sōu）。惜哉命之穷，颠倒不见收。青衫老更斥，饿走半九州。瘦妻僵前子仆后，攘攘盗贼森戈矛。吟哦当此时，不废朝廷忧。常愿天子圣，大臣各伊周。宁令吾庐独破受冻死，不忍四海寒飕飕。伤屯悼屈止一身，嗟时之人死所羞。所以见公像，再拜涕泗流。唯公之心古亦少，愿起公死从之游。

这首诗赞扬了杜甫诗歌与"元气"相同，"元气"就是儒者所称的天地之间的浩然之气。诗中写出了杜甫"青衫老更斥，饿走半九州"的窘境，感佩于杜甫上念朝廷、胸怀四海的博大胸襟，可以说，王安石是深深懂得杜甫的。

能被称为"圣"的人，一般都是某个领域的最高范型。诗人这个群体，由于感情丰富、文采飞扬，很多时候不受世俗规矩束缚，他们固然给后世留下了许多文采风流的韵事，同时他们的放达无羁也成为很多卫道士眼中的异类。杜甫是诗人中的圣人，那么，他一定符合传统文化中对圣人的期待。圣人是大公无私的，是关心百姓的，是胸怀天下的，还是忠君的。这几点，杜甫都符合。在封建时代，说到杜甫和他的诗，沉郁顿挫和"一饭不忘君"就是其标签，历代帝王或名臣，还是能够接受杜诗中所表达出的人民性因素的，因为封建统治制度的一个重要方面，就是统治者把百姓视作自己的子民，对于子民的生死存亡，统治者自然是比较关心的，因为这是他们统治的根基。

而从杜甫这方面来讲，他属于百姓与帝王之间的桥梁。当百姓被压榨得没法活下去的时候，他会痛斥封建统治阶级的骄奢淫逸，为无助的百姓发声；当考虑到封建国家的整体利益时，杜甫会主动寻求一种国家与百姓之间的平衡。他认识到，稳定的国家体系是农民能够活下去的重要制度保障，如果这个保障被破坏了，死去的人会更多。因此，杜甫在《新安吏》中说："况乃王师顺，抚养甚分明。送行勿泣血，仆射如父兄。"唐代的"王师"到底是不是抚恤士卒，杜甫也只能寄予美好的期望了，他又用这个美好的预设，来安慰被抽丁服役的百姓。这最后几句，也起到了缓冲作用。

杜甫是一位用生命来写诗的人。他的思想中有着伟大的人道主义精神，又亲身经历了从盛唐到中唐的不同地域和层级的社会现实生活，他的作品成为一代诗史，并以其精湛的诗歌艺术和博大的悲天悯人的情怀，永远闪耀在中国历史文化的星空之上，成为最亮的那颗星。

读故事　学知识

嗟来之食

原指怜人饥饿，招呼来食。后比喻带有侮辱性的或不怀好意的施舍。

出自《礼记·檀弓下》，春秋战国时期，一次齐国发生了严重饥荒，很多人被饿死。贵族黔敖在路边施舍饮食。有个饥饿的人用袖子遮着脸，慢慢地走过来。黔敖左手拿着食物，右手端着汤，说："喂！来吃吧！"那个人抬起头看着他，说："予唯不食嗟来之食，以至于斯也！"意思是，我正是因为不吃施舍的食物，才到了现在这个地步。黔敖听了，就向那人道歉，但他仍不吃，最后饿死了。

民以食为天

意思是人民以粮食为生存的根本。

出自西汉司马迁的《史记·郦生陆贾列传》，楚汉相争时期，在彭城一战中，刘邦损失惨重，只得退守荥阳、成皋一带。荥阳附近的敖山上有一座巨大的粮库，谁占领此地，谁就能取得战争的胜利，毕竟吃饱肚子才能打持久战。于是，项羽多次率兵围攻荥阳，情况十分危急。刘邦无奈之下，便想撤走。

谋士郦食其听闻此事，就向刘邦进言道："臣闻知天之天者，王事可成；不知天之天者，王事不可成。王者以民人为天，而民人以食为天。"意思是，我听说知道天之所以为天的人，可以成就大业；不知道天之所以为天的人，不能成就大业。统一天下的王者以百姓为天，而百姓以粮食为天。然后又说，现下形势紧迫，退兵不是最好的选择，唯有背水一战，而要战斗就得有粮食。况且，楚汉一直相持不下，天下动荡不安，百姓到底倾向哪一方还不确定，应该趁此时尽快收复荥阳，占据敖仓，让诸侯看清形势，百姓自然就知道该归顺哪一方了。

刘邦听从了郦食其的计策，出兵据守敖仓，最终取得了战争的胜利。

杜甫大事年表

少年读杜甫

唐玄宗先天元年（712年）

杜甫出生在河南巩县的瑶湾（今河南巩义南）。

唐玄宗开元五年（717年）六岁

在郾城，观看公孙大娘舞剑器、浑脱。

唐玄宗开元六年（718年）七岁

受家族"奉儒守官"的影响，开始读书、作文。

唐玄宗开元十三年（725年）十四岁

开始壮游各地。《壮游》诗曰："往昔十四五，出游翰墨场。斯文崔魏徒，以我似班扬。"

唐玄宗开元十四年（726年）十五岁

《百忧集行》诗曰："忆年十五心尚孩，健如黄犊走复来。庭前八月梨枣熟，一日上树能千回。"

唐玄宗开元十八年（730年）十九岁

游晋，至郇瑕（今山西临猗），从韦之晋、寇锡游。

唐玄宗开元十九年（731年）二十岁

游吴越。历时四年。

唐玄宗开元二十三年（735年）二十四岁

自吴越返回东都洛阳，赴京兆参加贡举，不第。

唐玄宗开元二十四年（736年）二十五岁

赴兖州探望父亲，开始齐赵之游。结交苏源明。

唐玄宗开元二十五年（737年）二十六岁

游齐赵。历时四年。

《壮游》诗曰："放荡齐赵间，裘马颇清狂。春歌丛台上，冬猎青丘旁。呼鹰皂枥林，逐兽云雪冈。射飞曾纵鞚，引臂落鹙鸧。苏侯据鞍喜，忽如携葛强。快意八九年，西归到咸阳。"

唐玄宗天宝三年（744年）三十三岁

李白被赐金放还，至东都洛阳。是年夏，杜甫初遇李白。秋，与李白、高适登吹台、琴台。并一起游览王屋山，欲拜谒道教宗师司马承祯，而其人已亡。

唐玄宗天宝四年（745年）三十四岁

再游齐赵。夏，与齐州司马李之芳、北海太守李邕相聚于历下亭及鹊山湖亭，写下《陪李北海宴历下亭》诗，后一起登临李之芳所建新亭，作有《同李太守登历下古城员外新亭》一诗。

秋，与李白再次会见，二人同游，结下深厚情谊，杜甫写下

《与李十二白同寻范十隐居》。

秋末，杜甫西去临邑探望弟弟杜颖，李白亦有江东之游，便在城东石门分别，之后再无复见。

唐玄宗天宝五年（746 年）三十五岁

至长安。与汝阳王李琎、驸马郑潜曜、库部员外郎王维等交游。

唐玄宗天宝七年（748 年）三十七岁

在长安。屡次向河南尹韦济进呈诗文，希望得到举荐，未果。

唐玄宗天宝十年（751 年）四十岁

在长安。向玄宗进呈"三大礼赋"。得赞赏，命待制集贤院。

唐玄宗天宝十一年（752 年）四十一岁

在长安。是年冬，高适随哥舒翰入长安，与杜甫短暂相聚。

唐玄宗天宝十三年（754 年）四十三岁

携眷移家至长安。后因生活艰难，遂携家往奉先（今陕西蒲城），寄寓在县署公舍里。

唐玄宗天宝十四年（755 年）四十四岁

安禄山反。十月，授河西尉（河西县故城在今云南河西县境），不就，旋改任右卫率府胄曹参军。

唐肃宗至德元年（756 年）四十五岁

五月，携眷至白水避难。六月，赴鄜州（今陕西富县）。

唐玄宗逃往四川，六月十四，马嵬坡之变。七月，唐肃宗于灵武即位。杜甫遂往灵武，途中被叛军所擒，押往长安。

唐肃宗至德二年（757 年）四十六岁

五月，拜左拾遗。宰相房琯被贬职，杜甫上疏为之辩护，诏三司推问。八月，往鄜州省亲。

唐肃宗乾元元年（758 年）四十七岁

任左拾遗。春，常与同在长安的贾至、王维、岑参相互酬唱。六月，因房琯案被贬为华州司功参军。

唐肃宗乾元二年（759 年）四十八岁

春，自东都洛阳归华州，途中作"三吏""三别"六首。七月，弃官西去秦州。后多次迁徙。岁暮至成都。

唐肃宗上元二年（761 年）五十岁

在成都，疾病缠身，生计艰窘。修建浣花草堂。其间作著名的《春夜喜雨》《茅屋为秋风所破歌》等诗。冬，高适任成都尹，访杜甫。

唐代宗宝应元年（762 年）五十一岁

自春至夏，居草堂，与严武来往甚密。七月，送严武回京任职。十一月，往射洪县，访陈子昂故宅。

唐代宗广德元年（763 年）五十二岁

正月，在梓州，作《闻官军收河南河北》，欲还东都洛阳，因战乱，未成行。

唐代宗广德二年（764 年）五十三岁

三月，严武代高适，出镇成都。经严武举荐，任节度使署中参谋、检校工部员外郎。

唐代宗永泰元年（765 年）五十四岁

正月，辞严武幕府，归浣花溪。四月，严武去世。遂携家离成都。九月，至云安，留居严明府之水阁。

唐代宗永泰二年 / 大历元年（766 年）五十五岁

晚春，自云安移居夔州。其间多次搬迁。作《咏怀古迹五首》《秋兴八首》《壮游》等诗。十一月，唐代宗改元。

唐代宗大历二年（767 年）五十六岁

暮春，迁居瀼西，置果园、蔬圃、稻田，建草堂。十月十九日，于夔州别驾元持宅观李十二娘舞"剑器"。作《登高》诗。

唐代宗大历三年（768 年）五十七岁

正月，欲归洛阳，遂离夔州东下，经江陵、公安，秋末至岳阳。

唐代宗大历四年（769 年）五十八岁

正月离岳阳，三月，抵潭州（湖南长沙），后至衡州（湖南衡阳）。其间，游览多地名胜古迹。闻故人韦之晋任潭州刺史，遂往潭州，未料韦之晋忽然病逝，只得暂居潭州。

唐代宗大历五年（770 年）五十九岁

暮春，逢李龟年，并写下著名的《江南逢李龟年》。四月，避乱入衡州。欲往郴州投靠舅父，途中遇洪水，困于耒阳，数日不得食，得县令救助。洪水多日不退，只得折返潭州。是年冬，乘船离潭州，赴岳阳，途中在船上去世。

杜甫诗文解析

绝句 [1]

两个黄鹂鸣翠柳 [2]，一行白鹭上青天 [3]。

窗含西岭千秋雪 [4]，门泊东吴万里船 [5]。

【注释】

[1] 这是杜甫的组诗《绝句四首》中的第三首，作于唐代宗广德二年（764 年）。此前，杜甫经成都尹严武举荐，被任命为节度使署中参谋、检校工部员外郎，因而杜甫也被称为"杜工部"。诗中充满喜悦与感恩之情。

[2] 黄鹂：又称黄莺，常在五六月份成对出现并交配，古人视之为时鸟，莺鸣预示职位升迁。

[3] 白鹭：喜成群沿水边觅食，受到惊扰，便依次起飞，呈一行而上的景象。

[4] 窗含：从窗户往外看西边的雪岭，像是嵌在窗框里，因此称"窗含"。西岭：西岭雪山。千秋雪：此诗写的是春末夏初的景色，西岭上依然有积雪覆盖，可见常年不化，因此称千秋雪。

[5] 泊：停泊。东吴：三国时期的吴国。万里船：从万里之外而来的船只。

(入选部编语文教科书二年级下册)

绝句 [1]

迟日江山丽 [2]，春风花草香 [3]。
泥融飞燕子 [4]，沙暖睡鸳鸯 [5]。

【注释】

[1] 这是杜甫的组诗《绝句二首》中的第一首，作于唐代宗广德
二年暮春，当时杜甫住在成都浣花溪畔的草堂。

[2] 迟日：春天白昼渐长，因此说迟日。江山丽：江山秀丽。

[3] 春风花草香：春风吹拂，送来阵阵花香。

[4] 泥融：春天来临，冰雪融化，泥土变得湿润、松软。

[5] 沙暖睡鸳鸯：暖和的沙土上，睡着成对的鸳鸯。鸳鸯：一种
水鸟，雄鸟与雌鸟常成双成对地出现。

（入选部编语文教科书三年级下册）

闻官军收河南河北 [1]

剑外忽传收蓟北 [2]，初闻涕泪满衣裳 [3]。
却看妻子愁何在 [4]，漫卷诗书喜欲狂 [5]。
白日放歌须纵酒 [6]，青春作伴好还乡 [7]。
即从巴峡穿巫峡 [8]，便下襄阳向洛阳。

【注释】

[1] 此诗作于唐代宗广德元年（763 年）春。唐军收复了洛阳和
郑（今河南郑州）、汴（今河南开封）等州，安史叛将纷纷投降，

持续八年之久的战乱终告结束。杜甫听到这个消息，欣喜若狂，遂写下这首诗，抒发心中无限的兴奋之情。河南河北：不同于现在的河南省、河北省，而是指黄河以南、以北地区，相当于今河南、河北、山东一带。

[2] 剑外：剑门关外。杜甫当时在梓州，位于剑门关南，故以"剑外"代指梓州。蓟北：唐代蓟州以北地区，当时为安史叛军的盘踞之地。

[3] 涕（tì）泪：鼻涕和眼泪。裳（cháng）：古代指下衣。

[4] 却看妻子愁何在：回头看妻子和孩子哪里还有一点点忧愁。却看：回头看。妻子：妻子和孩子。愁何在：忧愁去了何处？

[5] 漫卷诗书喜欲狂：由于太过喜悦，无心伏案读书，随手卷起诗书，与家人同享欢乐。漫卷：随意地卷起。喜欲狂：高兴得几乎要发狂。

[6] 白日放歌须纵酒：白天放声高歌，还需痛饮美酒助兴。须：应当。纵酒：纵情饮酒。

[7] 青春作伴好还乡：趁着大好的春光，与妻子和孩子一起返回家乡。青春：指春天。

[8] 即：立刻。巴峡：指巴县以东江面的石洞峡、铜锣峡、明月峡。巫峡：长江三峡之一，自巫山县城东大宁河起，至巴东县官渡口止。

（入选部编语文教科书五年级下册）

春夜喜雨[1]

好雨知时节[2]，当春乃发生[3]。
随风潜入夜[4]，润物细无声[5]。

野径云俱黑[6]，江船火独明[7]。

晓看红湿处[8]，花重锦官城[9]。

【注释】

[1] 此诗写于唐肃宗上元二年（761 年）春，杜甫住在成都浣花溪畔的草堂。诗中描绘了春夜雨景，表达了诗人的喜悦之情。

[2] 好雨知时节：好雨知道挑选合适的时节而来。这是一种拟人化的写法。

[3] 当：正是，正当。乃：就。发生：指植物萌发、生长。

[4] 随风潜入夜：随着春风在夜里悄悄地落下。潜（qián）：悄悄地。

[5] 润物：春雨滋润人间万物。细：是说春雨如丝，悄然无息。

[6] 野径：田野间的小路。俱：全，都。

[7] 江船火独明：唯独江中小船闪烁着灯火。

[8] 晓：拂晓，天蒙蒙亮。红湿处：被雨水打湿的花丛。

[9] 花重（zhòng）：花朵饱含雨水而变得沉重。锦官城：成都的别称。

（入选部编语文教科书六年级下册）

江南逢李龟年[1]

岐王宅里寻常见[2]，崔九堂前几度闻[3]。

正是江南好风景[4]，落花时节又逢君[5]。

[1] 此诗作于唐代宗大历五年（770 年）春，杜甫寓居潭州（今湖南长沙），与宫廷乐工李龟年重逢，回忆起在岐王宅和崔九府里相见的情景，不禁感慨万千，因而写下这首诗。李龟年：唐朝开元年间的著名乐师，深受唐玄宗的宠幸，安史之乱后，他流落江南，以卖艺为生。

[2] 岐王：唐玄宗的弟弟李范，封岐王，善音律。寻常：经常、时常。

[3] 崔九：即崔涤，中书令崔湜的弟弟，在兄弟中排行第九。博陵安平崔氏是当时的一大士族。

[4] 江南：这里指今湖南省一带。

[5] 落花时节：暮春，通常指阴历三月。君：指李龟年。

（入选部编语文教科书七年级上册）

望岳 [1]

岱宗夫如何 [2]？齐鲁青未了 [3]。

造化钟神秀 [4]，阴阳割昏晓 [5]。

荡胸生曾云 [6]，决眦入归鸟 [7]。

会当凌绝顶 [8]，一览众山小。

【注释】

[1] 杜甫写过三首以《望岳》为名的诗，此诗写的是东岳泰山，另外两首分别写的是西岳华山、南岳衡山。这首诗作于唐玄宗开元二十四年（736 年），这年杜甫科举考试落第，前往兖州探望当时任司马的父亲，并趁此时机漫游齐赵，登泰山而写下这首《望

岳》。

[2] 岱宗：泰山。古代以泰山为五岳之首、诸山所宗，故称岱宗。夫（fú）：句首语气词。

[3] 齐鲁：春秋战国时，齐国在泰山北，鲁国在泰山南。青未了：苍青翠绿的山色连绵不断，望不到边际。

[4] 造化：大自然。钟：汇聚。神秀：神奇秀美。

[5] 阴阳：背阴的北面和向阳的南面。昏晓：黄昏和清晨。

[6] 荡胸：荡涤心胸。曾：同"层"，重叠。

[7] 决眦入归鸟：张大眼睛远望飞鸟隐入山林。决眦（zì）：睁大眼睛。

[8] 会当：终当，定要。凌：登上，跃上。

（入选部编语文教科书七年级下册）

春望[1]

国破山河在[2]，城春草木深[3]。
感时花溅泪[4]，恨别鸟惊心[5]。
烽火连三月[6]，家书抵万金。
白头搔更短[7]，浑欲不胜簪[8]。

【注释】

[1] 此诗作于唐肃宗至德二年（757 年）三月。安史之乱爆发后，杜甫打算前往灵武投奔刚即位的唐肃宗，中途被叛军擒住，押送长安。暮春时节，本是大好时光，可是经过战火洗礼的长安，凄惨破败，引发诗人深深的思乡思亲之情，以及对历史兴衰的无限感慨。

[2] 国：指当时的国都长安。破：陷落，衰败。

[3] 城：指长安城。

[4] 感时花溅泪：有感于国家衰败，看到花开忍不住潸然泪下。

时：时局。

[5] 恨别鸟惊心：诗人内心惆怅忧愁，听到鸟鸣感到心惊。

[6] 烽火连三月：战火已经连续进行了一个春天。

[7] 搔（sāo）：用手指轻轻地抓。

[8] 浑：简直。不胜簪（zān）：插不住簪子。

（入选部编语文教科书八年级上册）

茅屋为秋风所破歌 [1]

八月秋高风怒号 [2]，卷我屋上三重茅 [3]。茅飞渡江洒江郊 [4]，高者挂罥长林梢 [5]，下者飘转沉塘坳 [6]。

南村群童欺我老无力 [7]，忍能对面为盗贼 [8]。公然抱茅入竹去 [9]，唇焦口燥呼不得 [10]，归来倚杖自叹息。

俄顷风定云墨色 [11]，秋天漠漠向昏黑 [12]。布衾多年冷似铁 [13]，娇儿恶卧踏里裂 [14]。床头屋漏无干处 [15]，雨脚如麻未断绝 [16]。自经丧乱少睡眠 [17]，长夜沾湿何由彻 [18]。

安得广厦千万间 [19]，大庇天下寒士俱欢颜 [20]，风雨不动安如山 [21]。呜呼！何时眼前突兀见此屋 [22]，吾庐独破受冻死亦足 [23]！

【注释】

[1] 此诗作于唐肃宗上元二年（761年）八月，杜甫寓居成都浣花溪畔的草堂，一日，遇暴风骤雨，将茅屋吹破，全家遭到雨淋，而安史之乱仍在继续，由此引发诗人忧国忧民亦忧己的万千

感慨，写下这首千古名篇。

[2] 八月：指阴历八月。秋高：阴历八月，已入深秋。怒号（háo）：愤怒地大声吼叫。

[3] 三重（chóng）茅：多层茅草。三：泛指多。

[4] 江：指成都锦江。

[5] 高者挂罥长林梢：飞得高的茅草挂在高高的树梢上。挂罥（juàn）：缠挂，挂住。长（cháng）：高。

[6] 下者飘转沉塘坳：飞得低的茅草飘转着沉入池塘和水洼里。塘：一作"堂"。坳（ào）：水边低地。

[7] 老无力：年老而没有力气。

[8] 忍能对面为盗贼：竟然狠心当面做盗贼抢茅草。对面：当面。

[9] 公然：明目张胆地。入竹去：进入竹林。

[10] 呼不得：喝止不住。

[11] 俄顷风定云墨色：过了一会儿，风停止了，乌云像墨汁一样黑。俄顷（qǐng）：不久，片刻。

[12] 秋天漠漠向昏黑：深秋的天空阴沉迷蒙，逐渐黑了下来。

[13] 布衾多年冷似铁：布质的被子盖了多年，冷得像铁板一样。布衾（qīn）：用麻或葛制成的被子。衾：被子。

[14] 娇儿恶卧踏里裂：孩子睡相不好，把被子蹬破了。恶卧：睡觉姿势不好。裂：使……裂。

[15] 床头屋漏无干处：房间里没有一点儿干燥的地方。

[16] 雨脚如麻未断绝：雨点好像麻线一样连续不断地下着。雨脚：雨点。

[17] 丧（sāng）乱：指安史之乱。

[18] 长夜沾湿何由彻：长夜漫漫，雨水滴漏，屋里没有干处，怎样才能挨到天亮。彻：天亮。

[19] 安得广厦千万间：如何能够得到千万间高大宽敞的房子。安得：怎样得到，如何得到。广厦（shà）：宽敞的房屋。

[20] 大庇天下寒士俱欢颜：给天下贫寒的读书人遮风避雨，让他们住在里面喜笑颜开。大庇（bì）：普遍地遮盖。寒士：贫寒的士人们。

[21] 风雨不动安如山：风雨吹不动，房子安稳如山。

[22] 突兀（wù）：高耸的样子，这里指高大的房屋。见（xiàn）：通"现"，出现。

[23] 吾庐独破受冻死亦足：就算我的茅屋被秋风吹破，自己冻死也心甘情愿。庐：茅屋。亦：一作"意"。足：值得。

（入选部编语文教科书八年级下册）

月夜忆舍弟 [1]

戍鼓断人行 [2]，边秋一雁声 [3]。
露从今夜白 [4]，月是故乡明 [5]。
有弟皆分散 [6]，无家问死生 [7]。
寄书长不达，况乃未休兵。

【注释】

[1] 此诗作于唐肃宗乾元二年（759年），安史之乱仍在持续，天下混乱，杜甫携妻儿和小弟杜占流寓秦州，其他弟弟妹妹分散在济州、夔州、江左、钟离等地。某日夜里，月色明亮，诗人听到戍鼓声起，秋雁哀鸣，越发思念亲人，因此写了此诗，抒发心中思亲之情。舍弟：诗人对自己弟弟的谦称。

[2] 戍（shù）鼓：边防驻军的鼓声。断人行：指实行宵禁。

[3] 边秋：一作"秋边"。边：边塞。

[4] 露从今夜白：从今夜开始就进入了白露节气。

[5] 月是故乡明：月色还是故乡的最明亮。

[6] 有弟皆分散：虽然有兄弟，但分散各方。

[7] 无家问死生：战乱中，家园早已不存，兄弟之间失去音讯，无从得知死生的消息。无家：指家乡尽毁，家人失联。

（入选部编语文教科书九年级上册）

登高 [1]

风急天高猿啸哀 [2]，渚清沙白鸟飞回 [3]。

无边落木萧萧下 [4]，不尽长江滚滚来 [5]。

万里悲秋常作客 [6]，百年多病独登台 [7]。

艰难苦恨繁霜鬓 [8]，潦倒新停浊酒杯 [9]。

【注释】

[1] 诗题又名《九日登高》。此诗作于唐代宗大历二年（767年）重阳节。古代农历九月九日有登高习俗，又称踏秋。五十六岁的杜甫寓居夔州（今重庆奉节），值重阳节，他登上白帝城外的高台，眺望萧瑟的秋江，引发对自己身世遭遇、潦倒漂泊的感慨，从而写下这首七律，借悲凉的秋景，抒发抑郁不得志的愁苦。这首诗气象雄浑博大，情感沉郁悲凉，充分展现了杜甫晚年对诗歌语言声律的精妙掌握，被称为"七律之冠"。

[2] 风急：夔州峡口以风大闻名，故称风急。天高：秋季天空晴朗明净，显得更加高阔，故称天高。猿啸哀：夔州多猿，哀叫不绝，这里指猿凄厉的叫声。

[3] 渚（zhǔ）：水中的小块陆地。鸟飞回：鸟在急风中飞舞盘旋。回：回旋。

[4] 落木：指树木飘落的叶片。萧萧：风中树叶飘落的声音。

[5] 不尽：没有边际，望不到头。

[6] 万里悲秋常作客：离家万里，感慨这悲凉的秋景和长期漂泊他乡的生活。

[7] 百年多病独登台：年老多病，独自登上高台。百年：终身，一生，这里指晚年。

[8] 艰难苦恨繁霜鬓：历尽艰难，常抱恨志业无成，白发已长满了双鬓。苦恨：极恨。繁霜鬓：白发越来越多。

[9] 潦倒新停浊酒杯：心中满是衰颓失意，却又暂时停下了手中的酒杯。新：刚刚，最近。此句指杜甫晚年因肺病不再饮酒。

（入选部编高中语文教科书必修上册）

登岳阳楼[1]

昔闻洞庭水[2]，今上岳阳楼。
吴楚东南坼[3]，乾坤日夜浮[4]。
亲朋无一字[5]，老病有孤舟[6]。
戎马关山北[7]，凭轩涕泗流[8]。

【注释】

[1] 此诗作于唐代宗大历三年（768 年）冬，杜甫离开夔州，乘舟来到岳阳（今属湖南），登上岳阳楼，眺望洞庭美景，感慨万千，因而写下《登岳阳楼》，借浩瀚的湖景抒发漂泊的悲凉之情。岳阳楼：位于今湖南岳阳市西，濒临洞庭湖。与黄鹤楼、滕

王阁同为江南三大名楼。

[2] 昔闻：从前听闻。洞庭水：即洞庭湖。

[3] 吴楚东南坼：洞庭湖水将吴楚分隔两地。坼（chè）：分裂。

[4] 乾坤日夜浮：天地都仿佛日夜漂浮于湖水之上。乾坤：天地，或指日月。

[5] 无一字：没有一点儿消息。字：这里指书信。

[6] 老病有孤舟：年老多病，只有一叶孤舟，飘零无依。

[7] 戎马：指战争。此处指大历三年秋，吐蕃犯境，唐军驻扎陇右、关中一带。关山：指宁夏南部的大小关山，泛指山川和关隘。

[8] 凭轩涕泗流：凭依着栏杆眺望河山，想到边境战火不断，不禁泪水横流。涕泗（sì）：眼泪鼻涕。

（入选部编高中语文教科书必修下册）

蜀相[1]

丞相祠堂何处寻[2]，锦官城外柏森森[3]。

映阶碧草自春色，隔叶黄鹂空好音。

三顾频烦天下计[4]，两朝开济老臣心[5]。

出师未捷身先死[6]，长使英雄泪满襟[7]。

【注释】

[1] 此诗作于唐肃宗上元元年（760年）春，杜甫到成都不久，游览诸葛亮的祠庙，即今四川成都武侯祠，吊古伤今，写下这首《蜀相》，表达对诸葛亮的爱戴与悼念，以及对复兴唐室之治国贤相的期盼。蜀相：三国蜀汉丞相诸葛亮，字孔明。

[2] 丞相祠堂：即诸葛武侯祠，位于今四川成都市武侯区。

[3] 柏（bǎi）森森：柏树枝繁叶茂。

[4] 三顾频烦天下计：刘备三次登门拜访诸葛亮，向他请教统一天下的策略。频烦：即频繁，多次。

[5] 两朝开济老臣心：辅佐蜀国两代君主的老臣忠心耿耿。两朝：指诸葛亮辅佐刘备建立蜀汉政权，又辅佐后主刘禅巩固帝业。开：开创。济：辅助。

[6] 出师未捷身先死：出师伐魏还没有取得最后的胜利就病亡于军中。出师：率兵出征。

[7] 长使英雄泪满襟：常使后世的英雄泪满衣襟。

（入选人教版普通高中教科书选择性必修下册）

客至 [1]

舍南舍北皆春水 [2]，但见群鸥日日来 [3]。
花径不曾缘客扫 [4]，蓬门今始为君开 [5]。
盘飧市远无兼味 [6]，樽酒家贫只旧醅 [7]。
肯与邻翁相对饮 [8]，隔篱呼取尽余杯 [9]。

【注释】

[1] 此诗作于唐肃宗上元二年（761年）春，杜甫寓居成都浣花溪畔的草堂，很少有客人来访，这日，忽然客至，诗人欣喜异常，以酒菜热情款待，宾主畅饮尽欢。杜甫在题后自注："喜崔明府相过。"客：当指崔明府（县令）。相过：探望、相访。

[2] 舍：指诗人所住的浣花溪边的草堂。

[3] 但见：只见。意谓平时很少有客人来访，只有成群的鸥鸟飞来。

[4] 花径：长满花草的院中小路。缘：因为，由于。

[5] 蓬门：用蓬草编成的院门。

[6] 盘飧（sūn）：盘中菜肴。市远：离集市远。兼味：多样的味道。

[7] 樽：酒器。旧醅（pēi）：陈年浊酒。醅：未经过滤的酒。

[8] 肯：能否允许。邻翁：邻家老翁。

[9] 呼取：呼唤他前来。余杯：残酒，未饮完的酒。

（入选人教版普通高中教科书选择性必修下册）

杜甫诗文考点精练

一、填空题

1. 杜甫，字_____，出生于唐玄宗先天元年，即公元_____年。

2. 杜甫是伟大的现实主义诗人，他的诗被称为"_____"，他被后人奉为"_____"。

3. 杜甫的郡望是京兆杜陵，所以他常自称"_____"。后来他在长安的居住地靠近杜陵和少陵，所以他又自称"_____"。

4. 《礼记·曲礼上》记载"_____"，"_____"。就是说男子二十岁，举行加冠礼，以示成年，此时可取字；女子如已许嫁，便行及笄礼，此时也可取字。

5. 岱宗夫如何？_____。_____，阴阳割昏晓。（杜甫《望岳》）

6. _____，边秋一雁声。_____，月是故乡明。（杜甫《月夜忆舍弟》）

7. 开元五年（717年），杜甫_____岁，在郾城（今河南郾城）观看_____舞剑器、浑脱。

8. 杜甫的十三世祖_____是_____时期著名军事家，谥号成，是明朝之前唯一一位同时进入文庙和武庙之人。他颇有军事才能，灭吴有功。

9. 杜甫在《进雕赋表》中说："自先君恕、预以降，奉儒守官，未坠素业矣。""奉儒守官"的意思是＿＿＿＿＿＿＿，也就是杜甫"＿＿＿＿＿＿＿"的人生理想，也是文人士大夫经世致用的传统。

10. 杜甫的祖父，名为＿＿＿＿＿＿＿，与李峤、崔融、苏味道并称为"＿＿＿＿＿＿＿"。杜甫的父亲是＿＿＿＿＿＿＿，曾任兖州（今山东兖州）司马。

11. 忆年十五心尚孩，健如黄犊走复来。＿＿＿＿＿＿＿，＿＿＿＿＿＿＿。（杜甫《百忧集行》）

12. 杜甫与李白初次相遇，是在＿＿＿＿＿＿＿（皇帝年号或公元纪年），这年秋天，与李白、高适登吹台、琴台，游王屋山，欲拜谒华盖君，而其人已亡。

13. 唐代宗广德二年（764年），经严武举荐，杜甫被任命为节度使署中参谋、检校工部员外郎，因此后人也称杜甫为"＿＿＿＿＿＿＿"。

14. "有弟皆分散，＿＿＿＿＿＿＿。＿＿＿＿＿＿＿，况乃未休兵。"（杜甫《月夜忆舍弟》）

15. 乾元二年（759年），杜甫从洛阳到华州途中，将他所见到的战乱景象写成著名的"三吏""三别"，集中反映了人民在安史之乱中被征上战场的情形，"三吏"是指＿＿＿＿＿＿＿、＿＿＿＿＿＿＿和＿＿＿＿＿＿＿；"三别"是指＿＿＿＿＿＿＿、＿＿＿＿＿＿＿和＿＿＿＿＿＿＿。

16. "出师未捷身先死，长使英雄泪满襟。"这句诗写的是＿＿＿＿＿＿＿（人名）。

17. "正是江南好风景，落花时节又逢君。"这句诗中的"君"指的是＿＿＿＿＿＿＿（人名）。

18. "群山万壑赴荆门，生长明妃尚有村。"这句诗中的"明妃"指的是＿＿＿＿＿＿＿（人名）。

19. "晓看红湿处，花重锦官城。"这句诗中的"锦官城"是指现在的＿＿＿＿＿＿＿（地名）。

20. 唐代著名诗人李商隐、杜牧并称为"小李杜"，杜甫和＿＿＿＿＿＿＿并称"大李杜"。

21. "去年潼关破，妻子隔绝久。""麻鞋见天子，衣袖露两肘。"（杜甫

《述怀》）这两句诗反映了杜甫_____（生活状态）。

22. 杜甫的《登高》中表达旧事物终将衰落，历史长河仍将向前的诗句是：_____，_____。

23. 杜甫的《茅屋为秋风所破歌》中，表现诗人宁愿冻死以换取天下劳苦大众的温暖的诗句是：_____，_____。

24. 杜甫的《茅屋为秋风所破歌》中，体现诗人博大胸襟和崇高理想的诗句是：_____，_____。

25. 杜甫的《茅屋为秋风所破歌》中，化用成语"邻人相暴，对门相盗"的诗句是：_____，_____。

26. "两个黄鹂鸣翠柳，一行白鹭上青天。窗含西岭千秋雪，门泊东吴万里船。"（杜甫《绝句四首·其三》）这首诗描写的是_____（季节）的景象。

二、选择题

（一）《奉陪郑驸马韦曲》

韦曲花无赖，家家恼杀人。

绿樽须尽日，白发好禁春。

石角钩衣破，藤梢刺眼新。

何时占丛竹，头戴小乌巾。

1. 对本诗的理解不正确的一项是（　　）

A. 诗的首句和辛弃疾的"最喜小儿无赖"，两处"无赖"都传达了作者的喜爱之情。

B. 此诗运用了"反言"，如"恼杀人"，实际是爱煞人，正话反说，有相反相成之趣。

C. 三、四句意谓韦曲的满眼春色，让自感老去的诗人也觉得应借酒释怀，享受春光。

D. 五、六句通过对"石角钩衣""藤梢刺眼"的细致描写，状写韦曲春去夏来的美景。

2. 诗家常借"韦曲"寓兴亡之感。下列诗句中寓有兴亡之感的两项是（　）

A．当年燕子知何处，但苔深韦曲，草暗斜川。（宋·张炎《高阳台》）

B．杜甫诗中韦曲花，至今无赖尚豪家。（唐·罗隐《寄南城韦逸人》）

C．韦曲杜陵文物尽，眼中多少可儿坟。（明·王象巽《游曲江》）

D．花气上林春浩渺，酒香韦曲晚氤氲。（明·胡应麟《寄朱可大进士》）

E．莫嗟韦曲花无赖，留擢终南雨后青。（元·虞集《题南野亭》）

（二）《野望》

西山白雪三城戍，南浦清江万里桥。

海内风尘诸弟隔，天涯涕泪一身遥。

唯将迟暮供多病，未有涓埃答圣朝。

跨马出郊时极目，不堪人事日萧条。

1. 下列各组词语中不符合对仗要求的一项是（　）

A．一、二句中的"白雪"与"清江"。

B．三、四句中的"诸弟"与"一身"。

C．五、六句中的"供多病"与"答圣朝"。

D．七、八句中的"时极目"与"日萧条"。

2. 从切合题目的角度分析本诗，下列分析恰当的一项是（　）

A．一、二句中的"西山""南浦"切合"野"字。

B．三、四句中的"海内""天涯"切合"野望"二字。

C．五、六句中的"迟暮""涓埃"切合"望"字。

D．第七句中的"出郊""极目"切合"野望"二字。

（三）《赠别郑炼赴襄阳》

戎马交驰际，柴门老病身。

把君诗过日，念此别惊神。

地阔峨眉晚，天高岘首春。

为于耆旧内，试觅姓庞人。

1. 对这首诗的理解和赏析不正确的一项是（　　　）

A. 诗的首联简单交代了兵荒马乱的时代背景和诗人年老多病的艰难境况。

B. 诗人请郑炼在襄阳寻访庞德公那样的高士，表达了对先贤的仰慕之意。

C. 虽然日后仍有朋友的诗篇陪伴，但面对离别，诗人还是感到心惊神伤。

D. 全诗情感表达含蓄蕴藉，格律严谨，比较典型地体现了杜甫诗的风格。

2. 下列字词注音错误的是（　　　）

A. 戎（róng）

B. 峨（é）

C. 岘（xiàn）

D. 耆（shì）

（四）《通泉驿南去通泉县十五里山水作》

溪行衣自湿，亭午气始散。

冬温蚊蚋在，人远凫鸭乱。

登顿生曾阴，欹倾出高岸。

驿楼衰柳侧，县郭轻烟畔。

一川何绮丽，尽目穷壮观。

山色远寂寞，江光夕滋漫。

伤时愧孔父，去国同王粲。

我生苦飘零，所历有嗟叹。

1. 对这首诗的理解和赏析不恰当的一项是（　　　）

A. 诗人冬季出行，蚊蚋仍在飞舞，岸边的野鸭被诗人的到来惊扰，乱

18

入河中。一路行来，层云密布，山路崎岖。

B．"溪行衣自湿"一句侧面描写路上雾气之浓重，"亭午气始散"表明雾气持续时间很长，直到正午才散。

C．在观览通泉山水的途中，随着时间的推移和空间的转换，诗人所见景色呈现不同面貌，情感也产生了变化。

D．诗人借用孔子、王粲的典故寄托深沉情感，运用"登顿""绮丽"等词使诗歌音韵铿锵，全诗体现了"沉郁顿挫"的风格。

2. 下列字词注音错误的是（　　）

A．蚋（ruì）

B．凫（fū）

C．敧（qī）

D．驿（yì）

E．嗟（jiē）

（五）《绝句四首·其三》

两个黄鹂鸣翠柳，一行白鹭上青天。

窗含西岭千秋雪，门泊东吴万里船

1. 对诗歌的理解不正确的是（　　）

A．这首诗写的是秋末冬初的自然景象。

B．"两个黄鹂鸣翠柳"的意思是两只黄鹂在翠绿的柳枝间鸣叫。

C．"一行白鹭上青天"的意思是一行白鹭向湛蓝的天空飞翔。

D．"窗含西岭千秋雪"的意思是窗边挂着一幅画，上面画着西岭雪山。

E．"门泊东吴万里船"的意思是往来东吴的船就停泊在门旁。

2. 诗中描写的自然景物有（　　）

①黄鹂②白鹭③青天④西岭雪山⑤船⑥翠柳

A．①②③④⑤

B．①②③④⑥

C．①②④⑤⑥

D. ①②③⑤⑥

3. 与"一行白鹭上青天"的"行"读音完全相同的是（　　）

A. 自行车、行书、运行

B. 旅行、流行、行列

C. 日行千里、令行禁止

D. 行业、银行、排行

三、阅读题

（一）《春日忆李白》

白也诗无敌，飘然思不群。

清新庾开府，俊逸鲍参军。

渭北春天树，江东日暮云。

何时一樽酒，重与细论文。

1. 颔联中"庾开府"指的是＿＿＿＿＿＿＿，北周官至骠骑大将军、开府仪同三司（司马、司徒、司空）；鲍参军指的是＿＿＿＿＿＿，南朝宋时任荆州前军参军。

2. 尾联中"论文"，意思是＿＿＿＿＿＿＿＿＿＿＿＿＿＿。

3. 诗的前四句从哪几个方面对李白的诗做出了高度评价？

＿＿＿＿＿＿＿＿＿＿＿＿＿＿＿＿＿＿＿＿＿＿＿＿＿＿＿

＿＿＿＿＿＿＿＿＿＿＿＿＿＿＿＿＿＿＿＿＿＿＿＿＿＿＿

4. "渭北春天树，江东日暮云"一联表达了作者怎样的思想感情？

＿＿＿＿＿＿＿＿＿＿＿＿＿＿＿＿＿＿＿＿＿＿＿＿＿＿＿

＿＿＿＿＿＿＿＿＿＿＿＿＿＿＿＿＿＿＿＿＿＿＿＿＿＿＿

＿＿＿＿＿＿＿＿＿＿＿＿＿＿＿＿＿＿＿＿＿＿＿＿＿＿＿

（二）《江汉》

江汉思归客，乾坤一腐儒。

片云天共远，永夜月同孤。

落日心犹壮，秋风病欲苏。

古来存老马，不必取长途。

1. 颈联中"病欲苏"，意思是：_____。

2. 尾联"古来存老马，不必取长途"，用了《韩非子·说林上》中

_____的故事。

3. 颔联和颈联用了"片云""孤月""落日""秋风"四种意象，表达了

作者怎样的思想感情？

_____

_____

_____

_____

（三）《严郑公宅同咏竹》

绿竹半含箨，新梢才出墙。

色侵书帙晚，阴过酒樽凉。

雨洗娟娟净，风吹细细香。

但令无剪伐，会见拂云长。

1. 诗题中"严郑公"，指的是杜甫的好朋友_____，经他举

荐，杜甫被任命为节度使署中参谋、_____。

2. "绿竹半含箨"句，为"箨"字注音，并解释此字的意思。

_____

3. "色侵书帙晚"句，为"帙"字注音，并解释此字的意思。

_____

4. 诗的前三联描写了竹子怎样的形象？

_____

5. 尾联"但令无剪伐，会见拂云长"，作者表达了怎样的寓意？

_____

（四）《丹青引赠曹将军霸》（片段）

先帝天马玉花骢，画工如山貌不同。
是日牵来赤墀下，迥立阊阖生长风。
诏谓将军拂绢素，意匠惨澹经营中。
斯须九重真龙出，一洗万古凡马空。

1.“先帝天马玉花骢”句，为“骢”字注音，并解释此字的意思。

_____

2.“是日牵来赤墀下”句，为“墀”字注音，并解释此字的意思。

_____

3.“迥立阊阖生长风”句，为“阊阖”一词注音，并解释此词的意思。

_____

4.为了突出曹霸的高超画技，诗人做了哪些铺垫？

_____

5.曹霸怎样画出了玉花骢的非凡神韵？

_____

（五）《客从》

客从南溟来，遗我泉客珠。
珠中有隐字，欲辨不成书。
缄之箧笥久，以俟公家须。
开视化为血，哀今征敛无。

1.这是一首寓言式的_____。

2.“遗我泉客珠”句，为“遗”字注音，并解释此字的意思；“泉客”是什么意思？

_____

3.“缄之箧笥久”句，为“缄”和“箧笥”注音，并分别解释它们的意思。

_____

4.简单叙述一下诗文的意思。

_____

5."泉客"和"泉客珠"分别象征什么？

_____

6."珠中有隐字"、珍珠"化为血"各有什么寓意？

_____

（六）《岁暮》

岁暮远为客，边隅还用兵。
烟尘犯雪岭，鼓角动江城。
天地日流血，朝廷谁请缨。
济时敢爱死，寂寞壮心惊。

1.这首诗作于唐代宗广德元年（763年），杜甫五十二岁，简单叙述一下诗文的意思。

_____

_____

_____

2."朝廷谁请缨"运用了什么典故？

_____

_____

_____

3.尾联"济时敢爱死，寂寞壮心惊"，抒发了诗人怎样的感慨？

_____

_____

_____

4.这首诗运用了哪些写作手法或表达技巧，请列举两种。

_____

_____

_____

_____

参考答案

一、填空题

1.子美　712年

2.诗史　诗圣

3.杜陵布衣　少陵野老

4.男子二十，冠而字　女子许嫁，笄而字

5.齐鲁青未了　造化钟神秀

6.戍鼓断人行　露从今夜白

7.六　公孙大娘

8.杜预　西晋

9.通过做官来推行儒家之道　致君尧舜上，再使风俗淳

10.杜审言　文章四友　杜闲

11.庭前八月梨枣熟，一日上树能千回。

12.唐玄宗天宝三年（744年）

13.杜工部

14.无家问死生　寄书长不达

15.《新安吏》《石壕吏》《潼关吏》；《新婚别》《无家别》《垂老别》

16.诸葛亮（孔明）

17.李龟年

18.王昭君

19. 成都

20. 李白

21. 安史之乱后颠沛流离的生活状态。

22. 无边落木萧萧下，不尽长江滚滚来。

23. 何时眼前突兀见此屋，吾庐独破受冻死亦足。

24. 安得广厦千万间，大庇天下寒士俱欢颜。

25. 南村群童欺我老无力，忍能对面为盗贼。

26. 春末夏初

二、选择题

（一）《奉陪郑驸马韦曲》

1.D

2.AC

（二）《野望》

1.D

2.D

（三）《赠别郑炼赴襄阳》

1.C

2.D

（四）《通泉驿南去通泉县十五里山水作》

1.A

2.B

（五）《绝句四首·其三》

1.A、D

2.B

3.D

三、阅读题

（一）《春日忆李白》

1. 庾信　鲍照

2. 论诗。六朝以来，通称诗为文。

3. 诗坛地位，无人可比；诗的思想情趣，洒脱不凡；诗歌风格，清新俊逸。

4. 这两句描写了杜甫所在渭北、李白所在江东的景色，以此表达诗人在思念李白的时候，想象着李白也在思念着自己。春天树、日暮云，也仿佛有了感情色彩，寄托了无限深情。用了借景抒情、寓情于景的表现手法。

（二）《江汉》

1. 病快要好了。

2. 老马识途

3. "片云""孤月"表达了作者孤独、苦闷的心情，也展现了如月光一般皎洁的忠君之心。"落日""秋风"意境开阔，表现出作者身处逆境的乐观精神。

（三）《严郑公宅同咏竹》

1. 严武　检校工部员外郎

2. 箨（tuò）竹笋外层的壳

3. 帙（zhì）包书画的布套

4. 嫩竹新出，竹影阴凉，雨洗竹净，风送竹香。

5. 这句是说只要真心爱护新竹，不去砍伐它，它一定可以一直生长到云霄。作者展开想象，仿佛已看到高耸入云的绿竹，随风轻轻拂动。而自己也像这竹子一样，若得起用，愿发挥自己的才能，为国家尽绵薄之力。

（四）《丹青引赠曹将军霸》

1. 骢（cōng） 毛色青白相间的马

2. 墀（chí） 台阶

3. 阊阖（chāng hé） 传说中的天门，这里指宫门。

4. （1）"画工如山貌不同"，很多画家都画不出玉花骢的原貌和风姿。（2）"迥立阊阖生长风"，玉花骢昂首屹立，给人以万里生风之感，进一步说明画师要展现它的雄姿非常不容易。

5. "意匠惨澹经营中"，曹霸匠心独运，凝神构思，精心布局；"一洗万古凡马空"，曹霸画的马神奇雄俊，如飞龙跃出，相比之下，其他人画的马皆成凡品。

（五）《客从》

1. 政治讽刺诗

2. 遗（wèi） 给予、赠送；鲛人，也叫泉仙或渊客。

3. 缄（jiān） 封藏　箧笥（qiè sì） 储藏物品的小竹箱

4. 有客人从南海来，送给我珍珠，珍珠里隐约有字，想辨认却又不成字；我把它长久地藏在竹箱里，等候官家来征求；但日后打开箱子一看，珍珠却已化成了血水，可悲的是我现在再也没有什么可以应付官家的征敛了。

5. "泉客"象征被剥削的百姓；"泉客珠"象征百姓创造出来的劳动果实。

6. "珠中有隐字"，寓意为百姓心中难言的隐痛。珍珠"化为血"，寓意为官家征敛的是百姓的血汗。

（六）《岁暮》

1. 年关已近，在遥远的异乡客居，边疆地区还在打仗。敌军进犯雪岭，警报响彻江城。前方战场上，将士们日夜流血牺牲，朝廷有谁主动出兵抗敌？国家危难之际，岂敢吝惜生命？报国无门，空有一片豪情。

2. 诗句中用了"终军请缨"的典故。汉武帝时有个名叫终军的人，才学出众。汉武帝想派使者前往南越，说服南越王归顺汉朝，但不知谁能胜任。这时，终军主动请求担任使者。临行前，终军请求武帝赐他长缨，若南越王不肯归顺，他就用长缨将南越王绑来。于是，武帝派终军出使南越。终军到达南越后，凭着智慧与勇气，终于说服南越王归顺了汉朝。从此，终军请缨的故事便流传了下来。

3. 唐代宗广德元年（763 年）岁暮，杜甫漂泊异乡，听闻边境发生战争，成都告急，他感于国家危难，朝中却无将可用，而自己虽有壮志与壮心，想为国分忧、为民平乱，但无人举荐，亦不被重用，一腔忠君爱国之心付诸诗歌，抒发强烈的爱国情感和报国愿望难以实现的沉重心情。

4.（1）借代。用"烟尘""鼓角"代指敌军进犯，从视角和听觉两方面突出了战争的紧张，渲染了时局的艰危。

（2）双关。"岁暮"，既指岁末，也指诗人年老和唐朝由盛而衰。

（3）反问。"朝廷谁请缨""济时敢爱死"，写出了危难时朝中无人可用，但诗人不畏牺牲，愿赴边报国的决心。